SÊXTASE

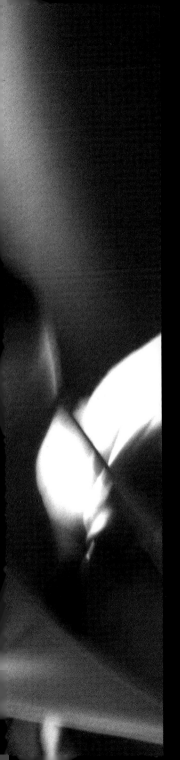

CAROLINE ALDRED

SÊXTASE

LEVE O SEXO E A SEXUALIDADE
ÀS ALTURAS

Tradução
GILSON CÉSAR CARDOSO DE SOUSA

EDITORA CULTRIX
São Paulo

Para Ashu Com Amor

Título original: *Sextasy*.

Copyright © 2003 Caroline Aldred.

Copyright da compilação e das ilustrações © 2003 Carroll & Brown Ltd.

Traduzido do livro originalmente produzido pela Carroll & Brown Ltd.,
20 Lonsdale Road, Queen's Park, London NW6 6RD, England.

Todos os direitos reservados. Nenhuma parte deste livro
pode ser reproduzida ou usada de qualquer forma ou por
qualquer meio, eletrônico ou mecânico, inclusive fotocópias, gravações
ou sistema de armazenamento em banco de dados,
sem permissão por escrito, exceto nos casos de trechos curtos
citados em resenhas críticas ou artigos de revistas.

A Editora Pensamento-Cultrix Ltda. não se responsabiliza
por eventuais mudanças ocorridas nos endereços
convencionais ou eletrônicos citados neste livro.

Dados Internacionais de Catalogação na Publicação (CIP)
(Câmara Brasileira do Livro, SP, Brasil)

Aldred, Caroline
    Sêxtase : leve o sexo e a sexualidade às alturas / Caroline Aldred ;
tradução Gilson César Cardoso de Sousa. -- São Paulo : Cultrix, 2005.

    Título original: Sextasy
    Bibliografia.
    ISBN 85-316-0891-0

    1. Amor 2. Educação sexual 3. Kama Sutra 4. Sexo 5. Tantrismo
6. Tao I. Título. II. Título: Leve o sexo e a sexualidade às alturas.

05-2449   CDD-613.96

Índices para catálogo sistemático:

1. Amor e sexo : Manuais de técnica sexual 613.96
2. Práticas sexuais : Manuais de técnica sexual 613.96

O primeiro número à esquerda indica a edição, ou reedição, desta obra. A primeira
dezena à direita indica o ano em que esta edição, ou reedição, foi publicada.

Edição   Ano

1-2-3-4-5-6-7-8-9-10-11   05-06-07-08-09-10-11

Direitos de tradução para o Brasil
adquiridos com exclusividade pela
EDITORA PENSAMENTO-CULTRIX LTDA.
Rua Dr. Mário Vicente, 368 — 04270-000 — São Paulo, SP
Fone: 6166-9000 — Fax: 6166-9008
E-mail: pensamento@cultrix.com.br
http://www.pensamento-cultrix.com.br
que se reserva a propriedade literária desta tradução.

SUMÁRIO

Introdução 6

Ele e Ela 7
Compromisso • Como Encontrar um Parceiro • Deus em Cada
Homem • Deusa em Cada Mulher • Entrega

Lingüísticas do Lingam 27
O Lingam • O Ponto G Masculino • Orgasmo e Ejaculação •
O Macho Multiorgásmico • Problemas de Ereção

Sutras Yoni 45
A Yoni • O Ponto G — A Jóia no Lótus • O Músculo do Amor •
O Orgasmo Feminino • A Ejaculação Feminina

Jogos de Amor 63
O Valor dos Jogos de Amor • Zonas Erógenas do Homem • Zonas
Erógenas da Mulher • Toque Íntimo • Massagem Erótica •
O Beijo • Amor Oral • Masturbação Mútua

Ato Sexual Criativo 101
Tempo para Amar • Posições Amorosas

Brincadeiras e Jogos 115
Fantasia • Jogos que os Amantes Podem Jogar •
Pornografia e Erótica • Brinquedos Sexuais

Amor por Todas as Razões 131
Amor Duradouro • Menopausa e Andropausa •
Desejo ou Amor? • Amor na Natureza • Procriação

Índice 156

Leituras Recomendadas 160

INTRODUÇÃO

Este é um livro sobre amor e sexo. Ensina como, trazendo o amor para as nossas práticas sexuais, podemos transformar-nos e enriquecer-nos, bem como aos nossos parceiros. O amor é um fenômeno e o sexo é um mistério. Ambos me fascinam e intrigam.

O interesse pelo sexo é tão antigo quanto a vida humana e continua a preservar a sua misteriosa qualidade mesmo dentro das limitações de nossas vidas condicionadas. O amor é um fenômeno que desafia qualquer definição; todos o queremos e buscamos, esperamos partilhá-lo, dá-lo e recebê-lo. De fato, o amor é uma fonte de energia tão importante e vital que contribui enormemente para o nosso bem-estar mental, emocional, espiritual e físico.

Quaisquer que sejam a sua idade, sexo, orientação sexual, tipo de relacionamento e credo religioso, espiritual ou cultural, convido-o a aprender como expandir a sua consciência sexual e amorosa. Assim agindo, você promoverá na sua vida e nos seus valores mudanças que afetarão positivamente todos os aspectos do seu cotidiano e não apenas a sua vida sexual.

Você não precisa esperar a colaboração do seu parceiro para iniciar a prática e aguçar a percepção. Comece sozinho e, logo, ele se sentirá atraído pela sua descoberta. Aperfeiçoe o relacionamento que mantém consigo mesmo, a sua auto-estima, a sua auto-aceitação, o seu Eu superior, a sua divindade intrínseca. Quanto mais à vontade estiver com a sua sexualidade, mais *sexy* se sentirá e mais *sexy* será. Quanto mais capaz for de se amar verdadeiramente, mais digno de amor se sentirá e mais digno de amor será.

Transforme o sexo numa meditação dinâmica ou vivencie-o sob a forma de meditação estática, sozinho ou com um parceiro, de maneira serena, concentrada, elétrica e luminosa. O amor é o espírito do sexo e o sexo é o corpo do amor. O sexo é uma jornada sem destino. Amar é uma maneira de ser, uma prática de abertura e de serviço honroso.

COMPROMISSO

> *O casamento sob a Lei de Siva é de dois tipos.*
> *Um termina quando o rito se encerra e o outro dura a*
> *vida inteira. Ambos exigem alto nível de compromisso.*
> *Quando se diz em voz alta "Aprovai o nosso casamento segundo*
> *a Lei de Siva", o casamento de compromisso está*
> *verdadeiramente concluído.*
> — MAHANIRVANA TANTRA

Todos os seres humanos buscam o amor de uma fonte ou de outra. De fato, precisamos dele para sobreviver. Temos necessidade de recebê-lo e necessidade de dá-lo. Amor é dedicação em todos os sentidos. É também comunicação, ânsia de estar juntos e empreender juntos, não apenas as tarefas diárias, mas outras como brincar, relaxar e fazer amor. Isso exige um certo tipo de abertura e confiança, a disposição de ser vulnerável, pois é na vulnerabilidade que reside a força.

As emoções são mais persistentes que os sentimentos; podem durar a vida inteira. Por isso, o despertar da emoção do amor num relacionamento íntimo envolve o compromisso e permite desenvolver uma intimidade profunda e compartilhada.

Seja formal ou informal, qualquer compromisso motivado pelo amor verdadeiro estreita o relacionamento e dá-lhe significado. O compromisso implica

confiança absoluta, aceitação total e serviço mútuo, pelo qual concordamos em dar o melhor de nós mesmos um ao outro.

O compromisso entre amantes desenvolve-se gradualmente. Trata-se de algo mais que dividir responsabilidades, como pagar as parcelas da hipoteca, manter e administrar a casa ou cuidar das crianças. Num relacionamento de amor, o compromisso de um com o outro, com as suas necessidades e bem-estar emocional, tem de ser regularmente expresso e reafirmado, portanto renovado.

Uma vez assumido, o compromisso cria um vínculo que mantém os amantes unidos e os ajuda a superar quaisquer dificuldades fornecendo-lhes um elemento de força a que possam recorrer. Comprometer-se não é apenas sobreviver como casal, mas também tornar o relacionamento muito mais completo graças a uma exploração e renovação contínuas.

COMUNICAÇÃO

Comunicar-se e aprender a comunicar-se é vital em qualquer relacionamento amoroso. Todos precisamos ser bem-tratados, reconfortados, amados, acariciados, adorados e cultuados, mas para alcançar essas "bênçãos" devemos estar prontos a retribuí-las. Assim, se você não sabe de que o ente amado gosta e precisa, ou o que espera, não pode retribuir.

Você terá de se dispor a ouvir e compreender as necessidades de seu amante, sem julgá-las nem sentir-se criticado ou deslocado. Abra-se para os desejos do ente amado ao invés de consumir-se nos seus próprios. Dar de coração e incondicionalmente, sem esperar nada em troca, é difícil; porém, se você der dessa maneira, será recompensado. Dar pode ser a mais gratificante das experiências. Honrar o amante dando-lhe o tempo e a energia que ele exige é um dom muito especial.

Como Pedir

É importante que vocês dois expressem os seus anseios e necessidades de um modo positivo, compassivo e franco, sobretudo quando discutirem os seus desejos sexuais. Sugiram maneiras novas de fazer as coisas em vez de dizer "Não gosto quando você...". Concentrem-se naquilo de que gostam e querem experimentar. Dessa forma, poderão também avaliar as reações do parceiro às suas sugestões.

Se você tiver dificuldade para se expressar verbalmente com relação a determinadas coisas, como o que deseja que o amante faça por você, ou o que você gostaria de praticar, mas nunca se atreveu a pedir, lance-as por escrito. Os parceiros devem fazer isso juntos, sendo sempre honestos e francos um com o outro.

COMO ENCONTRAR UM PARCEIRO

Quando você decidir encontrar um amor, você deverá primeiro acreditar em sua própria capacidade de ser amado. Isso ocorre quando você ama a si mesmo e se aceita plenamente tal qual é. Ame-se, ame dando amor e recebendo amor, pois assim terá melhor chance de atrair o parceiro ideal. Se você parecer carente ou desesperado de si mesmo, poderá atrair um parceiro, mas um parceiro que não deseja um relacionamento afetuoso e duradouro entre iguais.

Estar disponível para o amor significa também esquecer qualquer sofrimento ou mágoa causada por um relacionamento anterior. Feridas antigas costumam criar bloqueios que dificultam a vivência de um novo amor. Permita-se sentir todas essas sensações penosas de raiva, ódio, medo e angústia a fim de expulsá-las do seu corpo e da sua mente. Esqueça-as e abra o coração para novos começos.

Seja grato por ter tido o coração partido, pois isso o abriu e permitiu a você cultivar sentimentos. Estar em contato com os seus sentimentos, ser sensível a eles, é um aspecto importante do amor — amor por si mesmo e por outra pessoa.

Só quando conseguir se amar e se valorizar tal qual é atualmente é que você atrairá outras pessoas. E entre elas estará aquela que poderá ajudá-lo a se desenvolver e a crescer na direção certa.

A Linguagem do Corpo

Nem sempre as palavras constituem o meio mais eficaz e afetuoso de sinalizar o desejo. Sinais não-verbais, às vezes feitos inconscientemente, podem ser indicadores mais claros do interesse de alguém por você ou de você por alguém. Há inúmeros sinais de linguagem do corpo, uns mais sutis que outros, a revelar se a pessoa se sente interessada ou atraída. Expressões faciais, gestos e tom de voz podem ser indícios de interesse sexual.

A linguagem corporal é a indicação concreta do que está acontecendo no nosso íntimo e entre nós e outra pessoa. Não importa o que digamos, a mensagem real se reflete naquilo que o nosso corpo faz.

Por exemplo, quando estamos deprimidos ou "carregando o mundo nas costas", nossos ombros se curvam e nossa coluna se enrijece, perdendo a flexibilidade. Quando estamos tensos e refreando as emoções, os músculos do nosso ventre se contraem e o nosso andar se torna espasmódico. A tensão afeta o modo como nos postamos, controlamos o corpo e andamos. Pessoas abertas e desembaraçadas conversam agitando as mãos e encarando o

10 ELE E ELA

interlocutor. Pessoas tímidas ou estranhas costumam virar o rosto e mesmo cruzar os braços à frente do corpo como forma de defesa ou proteção.

Os Olhos

Você pode aprender muito sobre o que outra pessoa pensa a seu respeito olhando-a nos olhos. Se alguém não o aprecia, as suas pupilas tendem a estreitar-se quando olham para você. Mas, se se sente atraído, as suas pupilas se dilatam e crescem. Ao mesmo tempo, a taxa de pestanejo aumenta. As pessoas, em geral, piscam duas vezes por segundo; mas, quando se sentem sexualmente atraídas por alguém, esse ritmo se acelera. Assim, para descobrir se uma pessoa está interessada em você, olhe-a nos olhos. Se as pupilas se dilatarem, haverá interesse. E, se a taxa de pestanejo aumentar, sinta orgulho!

Outra pista útil é o modo como a pessoa olha para você. Quando duas pessoas se conhecem, observam cuidadosamente o rosto uma da outra enquanto conversam. Os olhares se cruzam, apenas pelo tempo de fazerem um registro, depois passam para a boca, as faces, o cabelo. Um homem interessado numa mulher procurará também captar as suas formas e uma mulher fará o mesmo.

esse instante e perceba o surgimento do sorriso. Em seguida, abra os olhos, entreabra os lábios, aperte os olhos e encurve os cantos da boca para cima. É provável que já esteja rindo!

Um sorriso real envolve desde os músculos ao redor da boca e dos lábios, até os que cercam os olhos. Tão poderoso é um sorriso cordial que, se você sorrir sinceramente para alguém, obterá resposta imediata e positiva.

Quando alguém sorri com você ou de você, depois de ouvir uma anedota ou observação chistosa, esse é um indício particularmente forte de que está apreciando a sua companhia. É muito fácil distinguir um sorriso falso de um verdadeiro. Mas o riso desbragado pode pôr tudo a perder!

Sorrir e Rir

O sorriso não só nos faz sentir melhores e mais felizes como nos torna mais atraentes. Contentes e alegres, as pessoas sorridentes têm sempre melhor aparência que criaturas tristonhas, infelizes e deprimidas. A felicidade se mostra na aparência, no modo como nos comportamos e na energia que emitimos.

Para saber qual é a sua aparência quando sorri com autêntica alegria, faça este exercício simples. Olhe-se no espelho, feche os olhos e evoque a época mais feliz da sua vida ou um momento em que se sentiu realmente alegre. Figure

Tocar

Quando alguém com quem você está conversando faz um delicado contato físico, como tocar-lhe o braço, pode tratar-se apenas de um gesto amistoso ou um sinal de que está atraído. Atos mais íntimos, como retirar uma penugem ou cabelo do seu casaco, ou encostar um joelho ao seu por baixo da mesa, são em geral sinais mais inequívocos de atração.

O Poder da Atração

As pessoas tendem a se sentir atraídas por aquelas cujos dotes físicos são semelhantes aos seus. Esperamos ficar mais à vontade e com menos medo de rejeição escolhendo alguém com o mesmo nível de atração que nós.

Quando duas pessoas se encontram, a atração inicial óbvia é visual. Uma pesquisa recente demonstrou também que somos atraídos pelo cheiro do outro. Então, recorremos a táticas como a conversação e o contato físico cada vez mais íntimo para reforçar a atração mútua.

Quando entramos num recinto e avistamos alguém por quem somos atraídos, alguém que nos excita e estimula, em minutos a nossa energia aumenta. O coração bate mais depressa, as palmas das mãos transpiram e sentimo-nos sexualmente excitados.

Esses efeitos são provocados pelo hormônio epinefrina (adrenalina), que o corpo produz a fim de se preparar para a ação física. O fluxo da epinefrina nos faz sentir "ligados". Pode levar-nos a confundir essas sensações de estimulação física com amor e a iniciar um relacionamento baseado unicamente numa intensa atração sexual. Entretanto, há inúmeros relacionamentos amorosos duradouros que brotaram de uma forte atração física. Esses amantes, em definitivo, cedem à sensualidade antes de criar um vínculo permanente.

Outras substâncias químicas do corpo associadas com a atração sexual incluem as endorfinas — as "substâncias do prazer" — e os feromônios, que o corpo produz para estimular ou atrair um membro do sexo oposto.

A produção dessas substâncias aumenta quando a pessoa está sexualmente estimulada ou apaixonada, provocando diversas mudanças químicas. Quando os amantes falam de uma "química" entre eles, estão certos!

ALGUMAS PERGUNTAS QUE PODEM AJUDAR VOCÊ

- Estou atraído por essa pessoa porque procuro um parceiro que seja ao mesmo tempo amante, colega, amigo e companheiro na minha jornada espiritual? Ou estou atraído porque preciso de alguém que me resgate, me faça sentir importante, me dê segurança ou intenso prazer sexual?

Muitas vezes, essa última situação está associada a fantasias de contos de fadas e sonhos ilusórios de "paixão" e união para todo o sempre.

- Estou agindo com base nos hormônios ou no coração, no instinto ou na sabedoria, ou numa combinação de todas essas coisas?

Quando estabelecemos uma conexão consciente e afetuosa com alguém, os nossos corpos produzem o hormônio oxitocina, que fortalece os sentimentos de proximidade sensual e confiança. São necessários cerca de quatro anos de união amorosa para que nossos corpos aprendam a secretar oxitocina em vez de um pico de epinefrina, quando estamos com os nossos parceiros.

DEUS EM CADA HOMEM

O homem médio costuma avaliar o seu sucesso como amante pelo número de mulheres que seduziu, pelas vezes que foi capaz de "fazer aquilo", pelo tempo que consegue manter a ereção, pela freqüência com que costuma copular, etc.

Fazer amor, entretanto, é uma questão de qualidade e não de quantidade. Diz respeito à qualidade da sua energia, à qualidade da sua atenção e interesse. O que mais comove uma mulher é sentir que o parceiro está realmente com ela, totalmente presente e devotado, pois assim sabe que é querida e adorada.

O amor exige prática — prática para melhorar a capacidade de amar com mais liberdade e vivenciar a profundidade do sentimento com mais plenitude, sem limites e até nos momentos mais difíceis. Sem a capacidade de amar, faremos amor como robôs e jamais nos sentiremos realizados. A técnica sem afeto ou emoção afasta o coração do ato amoroso.

Ame a criatura amada, misture-se ao seu afeto. Esqueça a sexualidade, esqueça tudo o que lhe passa pela cabeça, pela fantasia. Não tente provar nada porque, quando começa a fazer isso, a sua mente se embota. Ao fazer amor, esqueça-se de que é um homem e ela uma mulher.

Permaneça aberto ao espectro total dos seus sentidos e sensações. Quanto prazer você se permite? Quando toma um banho, aprecia-o realmente — ou ele é apenas um meio de ficar limpo, um meio para um fim? Tudo isso pode ser canalizado para o sexo. Se você optar pela abordagem do meio-para-um-fim, logo não haverá fim algum que de fato o satisfaça.

Você precisa reconhecer as qualidades do deus que traz consigo e absorvê-las, como também relacionar-se ao homem interior do seu parceiro, masculino ou feminino. O deus que reside em cada homem reside também em cada mulher, assim como a deusa que reside em cada mulher reside em cada homem.

Amor Habilidoso

Os antigos taoístas, ao enfatizar a ternura e a atitude altamente sensível frente ao amor e ao sexo, sublinhavam igualmente a importância da habilidade. Eles entendiam que, se quisermos fazer alguma coisa bem-feita, deveremos desenvolver as habilidades necessárias. Homens e mulheres precisam aprender a fazer amor se quiserem ser bons amantes. Um amante canhestro pode fazer uma mulher sentir-se como se ele estivesse apenas se masturbando dentro da sua yoni.

Se o ato do amor estiver quase no topo da sua lista de atividades favoritas, reserve algum tempo para aprender como se tornar um amante melhor, tal qual gastaria o tempo necessário se quisesse aprimorar as suas habilidades esportivas ou profissionais. Algum exercício de casa e treinamento regular para desenvolver conscientemente os músculos que você usa durante a cópula são essenciais. Prepare-se para trabalhar com afinco, diariamente se possível.

Esforce-se para maximizar as suas habilidades de amante, pois isso aumentará a sua autoconfiança e a capacidade do casal para o prazer. Lembre-se, porém, de que habilidade e técnica não o tornarão necessariamente um amante melhor. Você deverá mostrar um ótimo desempenho, mas o prazer que der e que receber poderá ser meramente superficial, sem a profundidade real da sensação.

Muitos homens que se tomam por grandes amantes deixam as parceiras indiferentes porque estão mais preocupados com o desempenho sexual. Quando alguém está preocupado com desempenho sexual, não está realmente fazendo amor.

Mais importantes que a habilidade são o que e quanto você é capaz de sentir e quão presente consegue estar com o parceiro — ou seja, experimentar cada momento plenamente, sem nenhuma meta a atingir. Ter a capacidade de sentir e saber expressar o sentimento com sensibilidade, eis o que convém ao ser humano. Sentir profundamente e partilhar profundamente o sentimento são qualidades maravilhosas que devemos imprimir ao relacionamento amoroso. O Tao ensina que o homem

desenvolve sua habilidade de amante para poder satisfazer e valorizar a parceira, colhendo ao mesmo tempo os benefícios dessa atitude. A técnica não serve apenas para penetrar e controlar a ejaculação, mas também para aguçar todos os seus sentidos, levando-o a apreciar e a absorver a harmonia do yin e do yang. Então, fazer amor deixa de ser uma necessidade mecânica e torna-se uma experiência completa. Quando você flexibiliza todos os seus sentidos e ativa a imaginação, transforma-se num artista do êxtase amoroso.

Tome a Dianteira

Alguns homens ainda acham que é seu dever iniciar a atividade sexual e adquirir experiência sexual suficiente para transmiti-la às amantes. Tendo de projetar uma imagem masculina o tempo todo, o homem deixa escapar a oportunidade de aprender. Se os homens sabem todas as respostas, não podem fazer perguntas.

A sociedade tende a colocar os homens no papel de professores sexuais e, com efeito, muitas mulheres aprendem sobre sexualidade com seus primeiros amantes. Assim, o homem se vê esmagado ao peso do papel de orquestrador do ato sexual sem nenhuma contribuição das mulheres, consideradas puras demais, e em conseqüência por demais inexperientes, para terem quaisquer idéias sexuais próprias. Não é, pois, de admirar que as coisas às vezes caminhem mal.

DEUSA EM CADA MULHER

> *As mulheres são peônias, flores de primavera, lótus e pavilhões de jardins.*
> *As mulheres são romãs, pêssegos, melões e pérolas.*
> *As mulheres são receptáculos, crisóis, vasos e mundos.*
> *As mulheres são o fruto da vida, a força nutriz da Natureza.*
> — Yuan-Shih Yeh-Ting Chi

Nas antigas tradições do Egito, da Grécia, da Arábia, da Índia, do Tibete e da China, a mulher era considerada a geradora do amor, a encarnação da sensualidade e a guardiã do potencial criativo. É vital restaurar em nossa natureza essa espiritualidade feminina divina, que perdemos.

O divino nada significa a menos que você o sinta no próprio corpo. Quando não o sente, você o substitui por coisas como sexo, alimento, compras e outros prazeres. Aprenda a sentir, no íntimo, a plenitude do amor divino.

Os taoístas sustentam que as mulheres são normalmente energizadas pela beleza. Alimentando esse aspecto de nós mesmas no cotidiano, aumentamos a nossa sensualidade, ao mesmo tempo que expandimos o nosso desejo e senso de alegria.

É muito fácil, especialmente para as mulheres, consumir-se nos deveres do lar, da família e do trabalho, colocando as necessidades dos outros antes das nossas próprias. O nosso prazer, sexualidade, desejo e bem-estar pessoal deixam de ser prioridades. Vale lembrar, contudo, que a nossa energia sexual nos pertence, constitui a base do nosso ser e é imprescindível para que nos sintamos plenamente vivas.

Exercite a Sua Sexualidade

Assim como outros aspectos da nossa vida afetam a nossa sexualidade, assim a nossa sexualidade pode afetar outros aspectos da nossa vida. Uma mulher sexualmente satisfeita é mais feliz e otimista, melhor amante, mãe e trabalhadora. Mas, como tudo o que realmente vale a pena, a nossa sexualidade e sensualidade exigem que as prioritizemos e encontremos tempo para elas. Para levar uma vida saudável e sexualmente satisfatória, precisamos exercitar a sensualidade e a paixão regularmente, tal como exercitamos o corpo para mantê-lo rijo e em forma.

A mulher deve reconhecer as qualidades de deusa em si mesma e absorvê-las, como também relacionar-se à mulher interior do parceiro, masculino ou feminino. O deus que reside em cada homem reside também em cada mulher, assim como a deusa que reside em cada mulher reside em cada homem.

Desperte a deusa no seu interior e abra-se para as possibilidades eróticas do

mundo que a cerca. Ele está visível em toda a Natureza, na arte, nas coisas do dia-a-dia que passam despercebidas, mas destinam-se todas ao seu prazer. Acaricie o seu desejo por vida e sensualidade, celebre a arte e a beleza.

Conheça a sua deusa interior, os diferentes aspectos dela em diferentes momentos. Fale-lhe, estimule o diálogo com ela. Pergunte-lhe como gostaria que você se vestisse ou usasse o cabelo hoje. Dance com ela, ande com ela. Pergunte-lhe de que maneira você se deve gratificar. Talvez a resposta seja vestir roupas sensuais que acariciam a pele, comprar flores, ouvir música suave e dançante, tomar um gostoso banho quente à luz de velas, com sais perfumados, ou dar-se o prazer de uma magnífica refeição.

Reverencie a você mesma e à energia da deusa em todas as coisas. Acenda uma vela, prepare um guisado, faça uma prece, mostre-se agradecida, ofereça gratidão, revele apreço. Respeite-se, bem como às suas ligações com as coisas — de dentro e de fora, de cima e de baixo.

Reverencie o seu Corpo

Considere o seu corpo um templo, um lugar de culto dedicado ao serviço do seu Eu superior, da sua alma, do deus e deusa que residem em você. No corpo acham-se todos os elementos — espaço, ar, fogo, água e terra. Veja o seu corpo como um sacrário que precisa ser mantido limpo, saudável e harmonioso por respeito à divindade que o habita. É realmente importante considerar o corpo um templo e reverenciar o templo do corpo como um ato de amor total.

Também é importante que respeitemos o nosso bem-estar pessoal e demos prioridade ao nosso próprio prazer. Comece dedicando semanalmente algum tempo ao cuidado do seu eu sexual e depois faça-o diariamente. O cultivo da sua energia sexual transformará e aumentará a sua energia e vitalidade geral.

Em última análise, todos se beneficiam de uma mulher sexualmente satisfeita — sobretudo a mulher! Você sentirá mais otimismo, mais felicidade, o que por seu turno afetará as pessoas que a cercam de uma maneira mais positiva. E não há nenhuma dúvida de que a firme consciência do próprio valor conduz a um sexo mais deleitável e a uma capacidade maior de amar. Se você se sente bem consigo mesma, isso se manifesta exteriormente, na sexualidade.

Outra maneira de valorizar a sua sexualidade é reconhecer e amar o seu verdadeiro eu. Elaborando uma espécie de ritual condizente com as suas necessidades individuais, você permite que o tempo e o espaço retomem contato com o seu verdadeiro eu e reverenciem a deusa que reside em você. O ritual a seguir, ou *puja*, pode assumir inúmeras formas, e é uma expressão simples do seu amor e devoção. Ele a aproximará do divino interior, da deusa viva que é VOCÊ.

A Prática de Puja

Na Índia, as pessoas cumprem rituais diários para seus inúmeros deuses e deusas. Na *puja*, elas se inclinam perante os ídolos, oferecem-lhes flores e alimentam-nos com o seu amor, pois essas estátuas representam os diferentes aspectos das divindades hindus.

Praticar *puja* para reverenciar a si próprio envolve a oferta de amor religioso ao próprio corpo. Fique nua diante de um espelho e diga ao corpo "Eu te amo" por quinze minutos. Em seguida, repita o exercício dizendo primeiro "Tu me amas" e depois "Tu és lindo".

Ao tomar banho, trate o seu corpo com amor, devoção, respeito e gratidão. Ao comer, feche os olhos e considere o alimento uma oferenda ao seu corpo, ao templo onde a deusa habita.

Pratique esse ritual todos os dias e verá que o amor ao próprio corpo se robustece e se aprofunda aos poucos: você não mais se rejeitará. Quando estabelecer um perfeito relacionamento entre você e o seu corpo, você não dependerá mais do êxito de um relacionamento exterior.

Então, será capaz de tratar o corpo do parceiro com o mesmo amor, devoção, respeito e gratidão com que trata o seu, honrando o deus e a deusa que residem dentro de vocês dois.

ENTREGA

Entregue-se unicamente ao amor.

— DAVID DEIDA

Para a maioria das pessoas, entregar-se é admitir uma derrota ou confiar-se à posse e ao poder de outrem. Contudo, não há resistência em se entregar ao amor. Entregar-se é uma maneira de aceitar plena e autenticamente a criatura amada e ter a experiência mais intensa possível do amor sexual. A entrega não é sinal de fraqueza e nem toda entrega é negativa. Se quisermos confiar nosso coração ao amor, o êxtase estará à nossa espera.

Quando falamos de entrega em termos de amor, é importante entender que nos referimos à aceitação do estado amoroso e à eliminação da resistência à abertura total. Temos de baixar a guarda, livrar-nos de inibições, tornar-nos o mais flexíveis possível, romper barreiras, desmontar defesas, renunciar à idéia e à aspiração de provar ou de realizar alguma coisa. Para vivenciar uma sensualidade profunda, precisamos transcender fronteiras emocionais e físicas, passando a amar sem limites. Precisamos nos curvar ao momento e à experiência do amor sem dualidade. Renunciando a nós mesmos, fundimo-nos um com o outro e ambos nos tornamos Um.

Entregar-se não é fácil, mas trata-se de algo que podemos aprender e praticar. Parece bastante arriscado entregar o próprio ego, os próprios limites e confiar a ponto de querer ser vulnerável. Mas a vulnerabilidade é essencial se quisermos dar e receber de coração aberto. Quando deixamos de nos proteger, ficamos livres para amar na sua forma mais poderosa, mais sublime.

APRENDA A ENTREGAR-SE

Entregar-se ao momento é estar totalmente presente para o parceiro, sem mais pensamentos conscientes e com plena aceitação dos sentimentos.

Ao fazer amor, esqueçam-se do fato de que são homem e mulher, ou homem e homem, ou mulher e mulher. Permitam que as fronteiras se interpenetrem e se misturem. De momento, esqueçam a sexualidade, esqueçam o que lhes passa pela cabeça e apenas se rendam à força da vida. Flutuem nela e mesclem-se um com o outro. Ao amar a sua mulher, dilua-se no seu afeto; ao amar o seu homem, dilua-se no seu ser.

Anulem a mente, relaxem o corpo e experimentarão uma profunda sensibilidade — coração aberto, confiança absoluta e amor. Não se preocupem com a posição de seus corpos; a posição de suas mentes importa mais. Apenas modifiquem as mentes e, se ambos estiverem inteiramente entregues, os corpos assumirão a posição certa que o momento exige. Quando fazemos amor, não precisamos provar nada. Quando tencionamos provar alguma coisa, a mente assume o controle e já não há lugar para o sentimento.

Para ganhar confiança e entregar-se, a mulher precisa sentir que o seu amante está presente, sem distrações, descontraído e acessível. Só então, sentindo-se segura, ela abrirá o coração e se deixará ir completamente.

Para entregar-se, o homem precisa fugir da mente reflexiva e aproximar-se de seu corpo sensível. A parceira poderá ajudar usando o próprio corpo e presença a fim de demonstrar desinibição e prazer apaixonado.

A mulher deverá responder ao carinho do amante com sinais e gemidos de prazer. Se ela relaxar o corpo e a respiração, abrindo o coração e as emoções, o homem responderá dispondo-se a vivenciar uma intimidade profunda. Quanto mais intensas forem a entrega e a confiança da mulher no amante, mais o amante aceitará comungar com ela em completa devoção.

Aprender a confiar e a abrir-se mais para o amor pode levar algum tempo.

Mas há exercícios que ajudam os amantes a tornar-se mais próximos e íntimos.

O Tonglen

Andrew Harvey e Mark Matousek, em *Diálogos com um Místico Moderno*, sugerem o uso do *tonglen* — um exercício de meditação tibetana — para que os amantes fiquem mais íntimos. Para praticar o *tonglen*, você primeiro inspira e imagina que está absorvendo todo o sofrimento, medo, dúvida e ignorância de seu parceiro no coração, sob a forma de uma fumaça escura e densa. Pede então que ela destrua completamente a sua auto-importância. Depois, ao expirar, imagina-se uma jóia mágica lançando uma luz tênue sobre a criatura amada e concedendo-lhe tudo o que ela precisa psíquica e emocionalmente.

Esse exercício dá a cada amante a oportunidade de examinar a fundo a alma do outro — com todas as suas mazelas, imperfeições e ânsia de cura —, assumindo todo o seu sofrimento e agradecendo a chance de trabalhar pela sua libertação.

Para conhecer e compreender a verdade básica do amor, precisamos descobrir e aceitar a sacralidade do sexo dentro de nós, com coração e mente abertos. Quanto mais aceitarmos o sexo com coração e mente abertos, mais livres ficaremos da nossa obsessão por ele. A plena aceitação da vida e de quanto nela é natural poderá levar-nos a alturas imprevistas e a prazeres verdadeiramente sublimes.

O amor é uma arte sagrada e, como qualquer arte, exige prática. Graças à prática, o êxtase do ato amoroso torna-se regra em vez de exceção.

"Preces" do Dia e da Noite

O exercício seguinte foi a minha experiência mais comovente, inspiradora, erótica e não raro desafiadora!

As "preces" do dia e da noite são na verdade uma forma de meditação que combina comunhão com espírito, alma e corpo com prática e cura interior. O objetivo dessas preces é alcançar unidade ou paz completa e harmonia entre os amantes. Homem e mulher se tornam uma pessoa perfeita. Quando você faz uma prece para começar o dia, ela estimula o corpo; e, quando faz uma prece para concluir o dia, ela relaxa o corpo.

O homem se estende por cima da mulher na posição papai-mamãe. Em

seguida, com os olhos fechados, ambos se beijam e entrelaçam pernas e braços. O homem penetra a mulher e faz movimentos apenas para manter a ereção (ele deve tomar cuidado para não ejacular). O casal permanece nessa posição por tanto tempo quanto quiser, de modo que ambos os parceiros gozem e partilhem os sentimentos oriundos de tanta calma e proximidade.

Posição de Pé
Essa variação simples na posição de pé ajudará você a estar presente no aqui-e-agora. Os amantes ficam face a face, com

> *Deixe de lado todas essas idéias sobre ser quem você não é e passe a ser quem você de fato é. Quando se rende à sua própria natureza, ao que você realmente é, você não sofre mais. Quando se rende ao seu verdadeiro eu, você se rende à vida, você se rende a Deus. Depois que você se rende, deixa de haver luta, deixa de haver resistência, deixa de haver sofrimento.*
>
> — Don Miguel Ruiz

ela entrelaçando uma das pernas nas pernas dele para manter o equilíbrio.

Então, cada um coloca a mão direita no alto da cabeça do outro e a esquerda nas costas. Beijam-se sensualmente, olhando-se nos olhos. Sentem a energia subindo dos pés, percorrendo as pernas e

a espinha, alcançando a cabeça e dali projetando-se para o alto.

Ouça o Coração
Dêem um ao outro tempo e espaço para praticar este exercício quando um de vocês, ou ambos, sentirem necessidade de expressar os seus sentimentos sem críticas nem queixas. Ele os ajudará a esquecer mágoas ou dores e a descobrir como o parceiro se sente.

Os parceiros sentam-se um diante do outro, de mãos dadas. Um explica em poucos minutos o que o está incomodando, enquanto o outro apenas ouve com atenção e deixa o coração abrandar-se. Em seguida, repete o que ouviu. Se o segundo achar que o primeiro pensa não ter sido bem-compreendido, convida-o a repetir tudo.

Quando um terminar de repetir o que o outro acaba de dizer, os papéis se invertem. O segundo parceiro expressa os seus sentimentos descrevendo o que o aborrece (é melhor que fale sobre o que sente do que sobre o que o outro fez ou deixou de fazer). Quanto mais vulneráveis um ao outro forem os amantes, quanto mais os seus corações se abrirem, mais solidário e positivo será o exercício.

Abram os seus corações e pratiquem o exercício com espírito de amor e humildade. Só com o coração e o corpo abertos poderão sentir realmente o fluxo de energia dentro de vocês e entre um e outro.

Aprendam a fazer amor de coração. Sem amor mútuo sincero, o sexo é mera fricção. E, embora a fricção às vezes seja gostosa, só o amor genuíno, verdadeiro, unirá os seus corpos num duradouro êxtase sexual.

Prenda-se ao Amor

Estar apaixonado é o estado de espírito mais inebriante possível. Quando duas pessoas se amam, acham perfeitamente natural mirar-se fundo nos olhos. Desejam apertar-se as mãos interminavelmente, estar juntos por horas, sentar-se lado a lado em silêncio, contentes apenas por estarem uma com a outra.

Para qualquer casal, o ápice do magnetismo inicial acaba arrefecendo e o "contato" entre ambos se perde facilmente. Convém dar toda a atenção ao relacionamento à medida que ele muda e evolui.

Contemplar, abraçar, tocar e adorar o parceiro pode restabelecer a antiga paixão. E se ambos concentrarem a energia emocional um no outro, estabelecerão um vínculo poderoso e duradouro entre si.

Os exercícios seguintes ajudarão vocês a permanecer ligados. Poderão praticá-los a sós ou como parte do ato amoroso, nus ou vestidos — mas empenhados em abrir-se e partilhar sem expectativas.

De Coração a Coração

Este exercício ajudará vocês a sentir e absorver a eternidade aprisionada num momento de bem-aventurança. Sentem-se um diante do outro, estendam o braço direito e pousem a palma da mão sobre o coração do parceiro — no meio do peito dele ou no vale entre os seios dela. Depois, cada qual pousa a palma esquerda sobre as costas da mão direita do parceiro, que está levemente colocada sobre o seu peito.

Respirem juntos e olhem-se profundamente nos olhos. Sintam o parceiro com o coração. Façam isso por vários minutos; em seguida inclinem-se para diante e toquem-se com a fronte. Continuem a respirar juntos, cerrem os olhos e sintam a energia gerada entre ambos.

Toque com as Pontas dos Dedos

Removam óculos ou lentes de contato, caso os usem. Sentem-se um diante do outro, estendam-se as mãos e toquem-se com as pontas dos dedos apenas. Respirem algumas vezes para relaxar e sintam como os seus olhos se suavizam. Após alguns momentos, mirem-se nos olhos e focalizem a atenção no olho esquerdo do parceiro, ao mesmo tempo que atentam para as delicadas sensações nas pontas dos dedos. Agucem a percepção das energias sutis do corpo, que os cercam e fluem um para o outro.

Enquanto fixam o olho do parceiro, repitam silenciosamente ou em voz alta: "Reconheço e aceito a sua essência". Caso o consigam, pratiquem esse exercício de vinte a trinta minutos e depois façam amor.

Sorria!

Eis uma maneira maravilhosa de estreitar um contato significativo e afetuoso entre parceiros. Decidam juntos criar um espaço de energia amorosa entre ambos, tão freqüentemente quanto puderem. Apertem-se suavemente as mãos, mirem-se nos olhos e sorriam! Permaneçam assim durante alguns minutos, olhando, tocando-se, sorrindo e ligando-se de uma maneira cálida e positiva.

Não tentem recapturar o passado, repetir, copiar ou imitar o que já se foi. Abram-se para a novidade, o frescor e o prodígio que a vida e as suas experiências têm a oferecer.

LINGUÍSTICAS DO LINGAM

O LINGAM

> *Para o homem empenhado no amor à natureza e na busca do divino, que com êxito se liberta de tabus, superstições, proibições e mitos das religiões modernas, a imagem fálica do princípio criador reaparecerá como símbolo eterno e luminoso da fonte de alegria e prosperidade.*
>
> — Alain Danielou

A palavra "lingam" é um termo sânscrito de reverência pelo órgão sexual das estátuas e imagens do deus Siva. Aplica-se também ao pênis, e eu prefiro usá-la porque é menos "biológica" e, além disso, conota a presença do divino no humano.

O lingam tem sido um símbolo sagrado desde a mais remota pré-história — imagem do princípio criador, fonte de vida, manifestação de virilidade, coragem e poder. Como tal, vem sendo reverenciado e cultuado por diferentes culturas e religiões ao redor do mundo.

As partes principais do aparelho genital masculino são o lingam, os testículos e a próstata. O lingam é constituído de tecidos esponjosos ao redor da uretra, um tubo fino que lhe corre pelo centro e por onde a urina e o sêmen são eliminados. Os dois testículos estão acondicionados num saco de pele chamado escroto. Cada um deles está suspenso dentro do escroto por um cordão espermático, que o supre de sangue e conexões nervosas. Esse cordão também proporciona um duto (o canal deferente) ao longo do qual o esperma passa depois de ter sido fabricado pelo testículo.

O canal deferente despeja o esperma nas vesículas seminais, onde ele se mistura com o fluido seminal (sêmen)

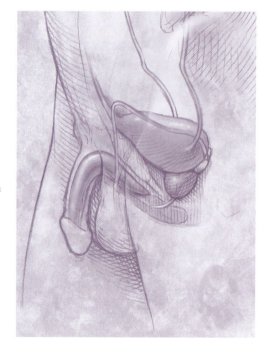

Por milhares de anos, diferentes culturas do mundo inteiro reverenciaram o lingam como símbolo de virilidade, coragem e poder.

produzido pelas vesículas, pela próstata (ver p. 32) e por outras glândulas.

Quando o homem se excita sexualmente, os tecidos esponjosos de seu lingam ficam ingurgitados de sangue, que o torna ereto, intumescido e rijo. Pouco antes da ejaculação (ver p. 36), os testículos são impulsionados para cima, a parede do escroto se adensa e a pressão sangüínea, as batidas cardíacas e o ritmo respiratório aumentam.

Contrações rítmicas da próstata, das vesículas seminais e do canal deferente bombeiam o sangue para a base da uretra. Na ejaculação, o sêmen é pressionado ao longo da uretra e para fora da ponta do lingam por outras contrações, agora promovidas pela uretra e pelos músculos de todo o lingam.

Embora o corpo do homem pare de crescer por volta dos trinta anos, o lingam continua a crescer e cresce até que ele morra. Quanto mais velho é o homem, maior é o seu lingam.

Tamanhos e Formas do Lingam

Não acredite em quem lhe disser que o tamanho do lingam não importa — importa, sim! E sobretudo para o homem. Quase todos os homens gostariam de ter pênis maiores, seja qual for o seu tamanho agora. Muitas vezes eles se sentem embaraçados ou envergonhados quando comparam as dimensões de seu lingam mole com as de outros homens. Todavia, um lingam mole não dá idéia do tamanho que assumirá quando duro. Em geral, um lingam mole muito grande sofre menor mudança de tamanho quando passa ao estado ereto. Já o lingam mole pequeno aumenta muito na transição para a ereção. O verdadeiro problema do tamanho é a importância que os homens lhe atribuem. E por duas razões: a primeira, é o efeito psicológico sobre o homem que imagina ter um lingam pequeno demais e avalia todo o seu ser por essa medida; o outro é a compatibilidade com o tamanho da yoni de sua parceira.

Um lingam perfeito é o que se adapta rigorosamente à yoni da parceira, e vice-versa. No entanto, há posições sexuais que podem corrigir qualquer desequilíbrio. As posições de grande abertura proporcionam espaço para a penetração de um lingam grande numa yoni pequena. Já o uso de travesseiros para erguer as nádegas da mulher permite a um lingam pequeno uma penetração mais profunda. Os jogos amorosos (preliminares) intensificam a excitação necessária para contrabalançar diferenças de tamanho — e usar as mãos, os lábios e a língua é uma maneira carinhosa de estimular o parceiro.

Segundo os taoístas, todas essas preocupações com o tamanho são desnecessárias porque ele, na verdade,

LINGÜÍSTICAS DO LINGAM 29

não conta muito em termos de satisfação da mulher. Os taoístas acreditam que a forma é muito mais importante. Há duas formas principais — a de cogumelo, com cabeça grande e corpo fino, e a triangular ou de lápis, com cabeça pequena, pontuda, e corpo grosso.

O lingam em forma de cogumelo, quando ereto, é considerado o mais próprio para satisfazer a mulher. Pensa-se que a cabeça grande seja mais desejável porque propicia maior estimulação. Ela massageia as paredes da yoni e o ponto G (ver p. 52) ampla e eficientemente, aumentando o prazer da mulher e permitindo-lhe alcançar com mais facilidade o seu pleno potencial orgásmico.

Em média, o canal vaginal mede dez centímetros da entrada da yoni até o colo do útero. Ele se dilata e contrai facilmente no diâmetro, mas nem tanto no comprimento: no máximo, cerca de dois centímetros e meio. Assim, um lingam de quinze centímetros de comprimento,

quando completamente ereto, adapta-se com perfeição à yoni de tamanho médio.

Quando os parceiros estão em harmonia, seus órgãos sexuais ajustam-se bem um ao outro. E, quando se tratam com carinho, torna-se absolutamente irrelevante que o lingam seja comprido, curto, grosso ou fino.

Os nossos genitais são tão únicos quanto quaisquer outras partes do corpo. Aceitar o que a natureza nos deu e fazer uso desse dom é infinitamente mais importante do que o tamanho ou a forma.

> *O homem nasceu com uma variedade tão grande de Armas quanto de rostos. Tudo depende da Natureza. Muitos homens pequenos têm Armas grandes, ao passo que outros tantos homens grandes têm Armas pequenas. Homens magros e fracos às vezes apresentam Armas grossas e rijas; homens altos e bem-constituídos não raro apresentam Armas finas e frouxas.*
> — Su-Nu-Miao-Lun

AS TRÊS CATEGORIAS DE LINGAM DO KAMA SUTRA

O COELHO

É o lingam que não excede a largura de seis dedos (12 cm) quando ereto. Em geral, o homem dotado de um lingam desse tipo é pequeno de estatura, mas bem-proporcionado e de disposição calma. O seu sêmen costuma ser adocicado. Ele é considerado de pequena dimensão.

O TOURO

É o lingam que não excede a largura de nove dedos (cerca de 17 cm) quando ereto. Em geral, o homem dotado de um lingam desse tipo é robusto, de testa alta, olhos grandes e temperamento irrequieto. Está sempre pronto para fazer amor e é considerado de média dimensão.

O CAVALO

É o lingam com comprimento equivalente à largura de doze dedos (cerca de 25 cm) quando ereto. O dono de semelhante implemento é quase sempre alto, robusto, musculoso, com voz grave. É glutão, ganancioso, apaixonado, temerário e indolente. Anda devagar e pouco se importa com sexo, a menos que dominado por súbito desejo. O seu sêmen é copioso e um pouco salgado. É considerado de grande dimensão.

O PONTO G MASCULINO

A glândula prostática muitas vezes é mencionada como o equivalente masculino do ponto G da mulher, por causa de sua sensibilidade e da semelhança de sua resposta sexual. Surpreendentemente, muitos heterossexuais ocidentais jamais consideram a próstata como parte de seu aparelho sexual.

A próstata é uma glândula, composta de tecido muscular, mais ou menos do tamanho e da forma de uma noz. Está localizada na raiz do lingam, dentro do corpo, e integra os sistemas urinário e reprodutor. Também contribui para o prazer sentido durante a excitação e a ejaculação. A próstata fica logo abaixo da bexiga, e seus dois lóbulos semicirculares (um à direita, outro à esquerda) circundam a uretra. A uretra é o tubo que conduz a urina da próstata ao lingam. Um dos lados da próstata pode ser sentido manualmente através da parede do ânus fronteira ao pênis. O médico faz isso durante o exame prostático.

A próstata tem três funções. Uma vez que circunda a uretra, suas fibras musculares podem apertá-la ligeiramente e ajudar a controlar o fluxo da urina. A segunda função consiste na produção de fluidos acrescentados ao sêmen. A próstata é constituída de milhares de glândulas minúsculas, produtoras de fluidos, disseminadas por entre os seus vasos sangüíneos e a trama muscular.

Quando o pênis é estimulado, a próstata transborda de secreções (estima-se que 80% do líquido liberado durante a ejaculação provenham dessa glândula). O esperma sobe dos testículos pelo canal deferente e desce pela próstata, onde se mistura ao líquido prostático.

A próstata despeja o seu fluido ejaculatório, proveniente das glândulas minúsculas, em tubos ou dutos maiores, que por sua vez o levam para a uretra. Por cima da próstata localizam-se as duas vesículas seminais, que armazenam esperma e fluido ejaculatório; elas são consideradas extensões da glândula prostática.

As partes externas dos genitais do homem são o pênis e o escroto, que contém os testículos, o epidídimo e o canal deferente. Internamente, os órgãos principais são a glândula prostática e as vesículas seminais.

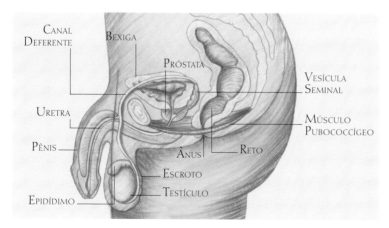

A terceira função da próstata é promover a ejaculação do sêmen. Durante a ejaculação, o esfíncter localizado na base da bexiga contrai-se, impedindo que a urina desça para a uretra. Então, a próstata passa por uma série de contrações que expelem as secreções nela contidas; em seguida, encolhe e volta ao tamanho normal. O líquido, que agora contém esperma e fluido seminal, corre dos dutos ejaculatórios para a uretra e é expelido pelo meato urinário, que se abre na ponta do lingam.

Toda vez que a próstata se contrai e relaxa, suga esperma das vesículas seminais. O homem chega a experimentar até vinte e uma contrações. Esse bombeamento da próstata, que precede a ejaculação, faz o homem ter as sensações agradáveis que geralmente associa ao orgasmo.

Massagem da Próstata

A massagem da próstata às vezes é tida por desagradável, sobretudo durante o exame médico. No entanto, quando ocorre associada à masturbação ou à cópula, muitos homens acham a sensação extremamente agradável. A próstata pode ser melhor sentida quando há ereção.

Para massagear-se você mesmo, deite-se de costas com os joelhos erguidos e os pés pousados na cama. Use estas técnicas simples:

- Aplique saliva, ou um lubrificante à base de água ou de ingredientes naturais, para facilitar a inserção do dedo ou do polegar.
- Massageie a próstata inserindo o dedo no ânus e movimentando-o para o fundo e para cima, na direção do umbigo, até sentir a glândula. Ela lembra uma massa firme do tamanho de uma noz e normalmente é macia, flexível e lisa. Apenas cutuque-a, aplicando a maior pressão que puder sem sentir dor.
- Como alternativa, insira delicadamente o polegar no reto e pressione a parede retal anterior (frontal), deslizando-o na direção do ânus.
- Uma pressão rítmica aplicada de vez em quando não só é agradável como constitui um meio confiável de prolongar a excitação e retardar a ejaculação. Faça pressão dentro do ânus ou sobre o períneo (a área localizada entre o escroto e o ânus).

Caso a sua parceira queira fazer isso por você, a massagem da próstata será mais agradável ainda.

Jogos Prostáticos

Muitos homens e mulheres assumem uma atitude muito negativa em relação ao toque anal, o que é lamentável porque estão desdenhando uma fonte

LINGÜÍSTICAS DO LINGAM 33

importante de prazer erótico. A próstata é rica em terminais nervosos sensíveis, podendo portanto ser facilmente estimulada, o que durante o ato sexual costuma redundar em orgasmo intenso. Mas a sensação de vulnerabilidade é muito comum em qualquer tipo de estimulação anal, de sorte que, para explorar completamente essa zona erógena com a sua parceira, você precisará sentir-se relaxado, confiante e à vontade, quando não curioso e brincalhão!

No caso tanto do homem quanto da mulher, aceitar a inserção de um dedo delicado no ânus pode conduzir a um maravilhoso mundo novo de sensibilidade sexual. Quando a próstata de um homem é estimulada, isso pode prolongar e intensificar o seu orgasmo. E combinar estimulação da próstata com carícia no lingam durante a masturbação ou a cópula sem dúvida fará você ter novas experiências orgásmicas.

Alguns homens gostam que suas próstatas sejam tocadas apenas quando estão muito excitados; outros acham que o toque melhora a ereção e possibilita orgasmos mais fortes. E alguns há que nem sequer precisam ter o lingam acariciado porque a sensação oriunda do toque na próstata é suficiente para provocar o orgasmo.

Se você e a sua parceira desejam acrescentar a estimulação da próstata a seus jogos amorosos, eis o que fazer:

- Para explorar a sua próstata durante o sexo, a sua parceira deverá inserir lenta e delicadamente um dedo bem lubrificado (de unha aparada e limpo!) no seu ânus. Embora isso possa parecer estranho no começo, dê um tempo, porque logo você se sentirá ótimo. Não é preciso enfiar o dedo todo, já que o terço inicial do reto é o mais sensível para a próstata.
- Para descontrair a área em derredor, a sua parceira deverá mover devagar o dedo para dentro e para fora. Quando vocês dois estiverem se sentindo à vontade, a sua parceira curvará o dedo num movimento de "venha cá" para que a ponta toque a próstata. Alguns homens conseguem ter orgasmo só com essa forma de estimulação, enquanto outros a apreciam em combinação com sexo oral.
- Se a sua parceira quiser, deixe-a estimular o seu ânus acariciando-o por fora enquanto faz sexo oral em você. Para muitos homens, a estimulação simultânea do lingam e do ânus é incrivelmente excitante!

Lembre-se de que a higiene é parte essencial do ato amoroso. Se você inserir um dedo ou um objeto qualquer no reto, nunca o ponha em contato com outra parte do corpo sem antes lavá-lo com água e sabão.

Cuidados com a Próstata

Não há nada de "sujo" em questão da estimulação anal, mas o seu corpo precisa de cuidados e desvelo. Procure evitar doenças e infecções zelando adequadamente, inclusive pelo seu ânus e pela próstata.

Quando você fica excitado, a sua próstata se dilata naturalmente um pouco. Para ajudar a retardar a ejaculação e aliviar a pressão sobre a próstata, pratique a contração do músculo pubococcígeo, situado ao redor da glândula, antes e depois da masturbação ou da cópula. Esse músculo (ver p. 32) é aquele que você contrai para controlar o fluxo de urina. Você também poderá massagear o períneo, os testículos e o cóccix para aliviar a pressão e dispersar a energia sexual concentrada, quando praticar a contenção da ejaculação (ver p. 38).

Se sentir a próstata inchada ou dura, ou detectar nela uma excrescência rija, ela provavelmente terá sofrido alguma mudança; e, se a sentir dilatada, dolorida e mole, talvez ela esteja infectada. Se você ou a sua parceira perceberem essas alterações, procure imediatamente auxílio médico.

Para explorar o potencial erógeno de sua próstata, você precisa sentir-se à vontade, curioso e brincalhão!

LINGÜÍSTICAS DO LINGAM

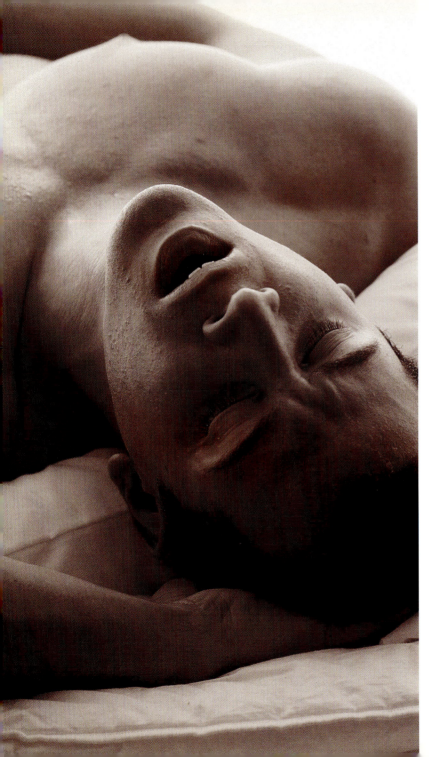

ORGASMO E EJACULAÇÃO

Muitas pessoas ficam surpreendidas ao saber que o homem pode ter orgasmo sem ejacular, pois aprenderam a associar o gozo masculino com o momento da ejaculação. Mas orgasmo e ejaculação são na verdade duas respostas corporais muito diferentes, de sorte que o homem é capaz de usufruir da bênção do orgasmo com ou sem ejaculação.

Rompendo o vínculo entre orgasmo e ejaculação (e o período necessário de recuperação depois dela), os homens podem aprender a ter orgasmos múltiplos como as mulheres. E, sabendo refrear a ejaculação, conseguirão prolongar o ato sexual, criando assim mais prazer tanto para eles quanto para suas parceiras.

Fisiologicamente, o orgasmo masculino é a série de contrações e pulsações que o homem sente no lingam e na próstata quando atinge o clímax sexual. Essas contrações são acompanhadas de aceleração dos batimentos cardíacos, do ritmo respiratório e da pressão sangüínea, o que resulta em súbito alívio da tensão. Afora esses efeitos, o orgasmo é também o auge da experiência do sexo — obtido quer pela masturbação, quer pela cópula — e uma das experiências físicas mais agradáveis que existem.

A ejaculação é conseqüência de um espasmo muscular involuntário e delicioso, que dura apenas alguns segundos — um reflexo que ocorre na base da espinha e resulta na ejeção do sêmen, seguida da perda da ereção. Ejaculação retardada é prazer aumentado. O aprendizado de novas habilidades permite aos parceiros estimular-se e excitar-se entre si ao máximo, refrear-se e voltar novamente ao ápice. Repetida e cuidadosamente praticadas, essas habilidades levarão os amantes de ápice em ápice, cada qual mais intenso que o anterior, até explodirem em êxtase.

Uma mulher em êxtase e rendida ao amor é uma das mais formosas visões da natureza — situação que não apenas aumenta a confiança sexual do seu parceiro como constitui um dos mais poderosos afrodisíacos que se conhecem. Aprendendo a controlar a ejaculação e a vivenciar o prazer de múltiplos orgasmos, o homem fortalece a intimidade e o amor, a paixão e a atração duradoura pela amada, alcançando níveis de êxtase que nunca julgou possíveis.

Quando Ejacular

Quase todos os homens se sentem cansados e esgotados depois de ejacular, porquanto nesse momento o seu corpo trabalha para repor a perda de fluidos. Na sexologia taoísta, diz-se que, quando um homem ejacula, esgota a sua essência, a sua energia *chi*. Mas quando tem um orgasmo sem ejacular, absorve essa energia em maior quantidade. Portanto, quando finalmente ejacular, você ainda terá energia de reserva.

Os taoístas recomendavam que cada homem ejaculasse de acordo com a sua condição física, levando em conta a idade, a saúde e as circunstâncias da vida. Assim, se você precisar conservar mais energia, por exemplo, durante os meses de inverno, ou se estiver doente ou trabalhando muito, deverá ejacular com menos freqüência. Por outro lado, caso esteja de férias ou a sua parceira queira engravidar, você provavelmente optará por ejacular mais freqüentemente.

> *Há um ditado segundo o qual o homem que tem um lingam comprido será sempre pobre; o que tem um lingam grosso será sempre infeliz; o que tem um lingam fino e frouxo será afortunado e o que tem um lingam pequeno se tornará rei.*
>
> — Ananga Ranga

Lembre-se sempre de que você faz amor consigo mesmo e com a pessoa amada, insistindo em "estar" com ela e concentrando-se no intercâmbio do amor que cura. Se perder o controle e achar que está ultrapassando o ponto além do qual não há retorno, deixe estar: aproveite!

LINGÜÍSTICAS DO LINGAM 37

O MACHO MULTIORGÁSMICO

É absolutamente possível tornar-se um homem multiorgásmico, tanto quanto um amante mais habilidoso. Só o que você precisará fazer é compreender e dominar o seu próprio processo de excitação. Por algum tempo, examine a excitação, a ereção e a ejaculação — o que descobrir irá surpreendê-lo e, sem dúvida, deleitá-lo.

Recomendo que inicie a "pesquisa" pela masturbação. Essa forma de auto-amor permite que você se conscientize do que acontece no seu íntimo durante a excitação. Por exemplo, a energia sexual intensifica as emoções. Portanto, se se concentrar no amor a si próprio quando estiver excitado, a energia sexual expansiva intensificará esse amor e tornará bem mais fácil para você controlar a ejaculação. Não apresse o processo; quanto mais longamente conseguir fazer amor consigo mesmo e retardar a ejaculação, mais depressa aprenderá a ser multiorgásmico.

As Técnicas Essenciais
Depois de tomar consciência do que acontece no seu íntimo, poderá começar a assumir o controle da ejaculação usando o músculo pubococcígeo e respirando lenta e profundamente (ver p. 40). Essas são as duas técnicas mais importantes para quem quer tornar-se multiorgásmico. Recomendo que comece a praticar sozinho, quando estiver se masturbando, pois assim poderá se concentrar em si mesmo sem se preocupar com a excitação da parceira. Isso também lhe dará a oportunidade de se amar fisicamente e permanecer nesse espaço afetivo em vez de permitir que a mente o distraia, afastando-o do momento presente e deixando-o um tanto alheio ao ato amoroso.

Alguns Pontos Práticos
- Urine sempre antes da masturbação ou da cópula. Uma bexiga cheia fará com que você suponha que está prestes a ejacular e dificultará o controle da ejaculação.
- Use um lubrificante para incrementar as sensações (a sua própria saliva, óleo de amêndoa ou de oliva).
- A cada vinte minutos mais ou menos, dependendo da sua disposição e do momento, e por três vezes, chegue quase ao orgasmo.
- Observe o que se passa no seu corpo à medida que o orgasmo se aproxima. Como está respirando? Está retendo a respiração? Que músculos estão contraídos? O seu ritmo cardíaco se acelerou? A sua boca está aberta ou fechada? Percebe uma tendência a chegar logo ao clímax? Relaxe e procure resistir a ela.

Outras técnicas que ajudam a diminuir a urgência de ejacular são: apertar a cabeça ou a base do lingam com o polegar e o indicador ou colocar a mão entre as pernas e pressionar o períneo. Como alternativa, combine a contração do músculo pubococcígeo com inspirações curtas e rápidas, ou então inspire profundamente e retenha o ar por alguns segundos. Esse método também ajuda a dispersar a energia concentrada.

Quando estiver a ponto de gozar sem ejacular, pare e aproveite as sensações. Irá sentir-se calmo, mas energizado. Conscientize-se de como a energia sexual se manifesta no seu corpo — talvez sob a forma de uma sensação de formigamento ou coceira subindo dos genitais. Esse autoconhecimento é o começo da transformação de seus orgasmos genitais em orgasmos do corpo inteiro.

Seja paciente consigo mesmo porque sem dúvida precisará de algumas sessões até conseguir controlar o seu orgasmo ejaculatório. Quando retardar a ejaculação, talvez sinta certa pressão na área genital. Isso se deve à concentração da energia sexual e ao aumento do fluxo sangüíneo. Se a pressão o incomodar, simplesmente ejacule ou então respire fundo, massageando suavemente o períneo, a próstata e os testículos. Desse modo, absorverá a energia e a distribuirá pelo resto do corpo.

Um último ponto importante. Muitas pessoas julgam que a distração é de grande valia para o homem tornar-se multiorgásmico. Eis um erro crasso. Quando um homem faz amor, seus pensamentos têm de fixar-se no ato e no sentimento.

Ficar insensível ou distrair-se com trivialidades pode retardar a ejaculação; mas, para tornar-se multiorgásmico, você terá de incrementar a sua sensibilidade sexual e concentrar-se mais na excitação.

Quando se masturbar, concentre-se nos prazeres que acompanham o início da estimulação e nos sentimentos que sobrevêm pouco antes da ejaculação inevitável. Atente também para as outras mudanças que antecipam a excitação e o clímax iminente.

LINGÜÍSTICAS DO LINGAM

Controle da Respiração

Aprender a controlar a respiração é o primeiro passo importante para tornar-se multiorgásmico. A sua respiração está diretamente ligada ao seu ritmo cardíaco: quando respira depressa, esse ritmo aumenta; quando respira devagar, ele diminui. Quando o homem está prestes a ejacular, a capacidade de respirar profundamente e desacelerar o ritmo cardíaco é essencial. Aprendendo a desacelerar esse ritmo, você aprenderá também a controlar o grau de excitação e a ter orgasmos sem pressa de ejacular.

Exercite o Músculo Pubococcígeo

O músculo pubococcígeo é na verdade um grupo de músculos que se estende do osso púbico, na frente do corpo, até o cóccix, atrás. É esse músculo que você usa para interromper a micção ou expelir as últimas gotas de urina. Você poderá senti-lo por trás dos testículos e na frente do ânus, no períneo. Se fortalecer esse músculo, terá ereções mais rijas, orgasmos mais intensos e maior controle ejaculatório, o que é essencial para tornar-se multiorgásmico.

O modo mais simples de descobrir se o seu pubococcígeo está em forma é contraí-lo na hora de urinar. Se ele for forte, você conseguirá interromper e retomar o fluxo da urina. Se não, comece logo a praticar, apertando-o. Comece com delicadeza, pois ele poderá doer um pouco a princípio. Alguns homens acham que ficar na ponta dos pés e rilhar os dentes intensifica a prática.

Contrair e relaxar o músculo é algo que você poderá fazer em qualquer lugar, enquanto dirige ou vê televisão, por exemplo. A posição também não importa — sentada, de pé ou deitada. Pratique sem esquecer a respiração; inspire ao contrair, expire ao relaxar.

Mantenha o Orgasmo

Com a prática, você aprenderá a manter-se em estado orgásmico sem ejacular. Durante a cópula, lentamente, expire ao avançar e inspire ao recuar. Fazendo isso de maneira descontraída, você estabelece um ritmo estável que aumenta o prazer, ajuda a relaxar e evita a ejaculação precoce.

Quando estiver prestes a ejacular, faça movimentos mais lentos e mude de técnica. Ao recuar, inspire e contraia o ânus — isso faz a cabeça do lingam intumescer-se.

Recuar uma cabeça intumescida de lingam massageia as paredes da yoni da parceira e dá-lhe um prazer indescritível. Quando você avançar, relaxe e expire. Essa técnica lhe permitirá manter o nível orgásmico, sem ejaculação, por quanto tempo quiser, unindo mente e corpo para gerar uma explosão de energia e gozo sexual.

40 Lingüísticas do Lingam

A Contribuição da Parceira

O sucesso dessas técnicas dependerá da boa vontade de sua parceira em ajudá-lo a assumir o controle da ejaculação. Vocês dois deverão identificar os sinais do aumento da excitação, que incluem rápida aceleração dos batimentos cardíacos, respiração entrecortada, tensão muscular e, às vezes, contração das mandíbulas ou rilhar de dentes.

A rapidez e a profundidade da arremetida também aumentarão. Quando você atingir um nível elevado de excitação, indicador de ejaculação próxima, a sua parceira deverá encorajá-lo a arremeter mais lentamente e menos profundamente. Isso aumentará a estimulação dela e, felizmente, diminuirá a sua. Como alternativa, retire o lingam completamente e descanse um instante antes de continuar.

Por instinto, o homem quer chegar logo à ejaculação; portanto, sejam ambos cuidadosos, atentando para o grau de excitação, desacelerando os movimentos ou parando quando você estiver perto de soltar-se. Ao perceber o grau da sua excitação, a sua parceira lhe pedirá para mudar de ritmo e profundidade de penetração. Ela deverá ajudá-lo a relaxar e a controlar-se, enquanto você respira fundo e contrai ao mesmo tempo o músculo pubococcígeo e o ânus. É importante que ambos se lembrem de que a meta não é a ejaculação!

Até que usufrua dos prazeres mais fortes do ato controlado e prolongado, você insistirá em ejacular. Convém, pois, que a sua parceira seja desprendida e afetuosa para incentivá-lo e apoiá-lo na sua tentativa de resistir a essa urgência. Quanto a você, convença-se de que a experiência ensejará a possibilidade de níveis altíssimos de êxtase erótico para ambos.

São necessários tempo, energia e vontade para que essas práticas comecem a funcionar efetivamente. Se no começo você perder o controle, não será nenhuma tragédia: isso acontece com freqüência na etapa inicial. Tente de novo. Sejam ambos delicados um com o outro, deliciem-se com a nova experiência, tenham paciência e amem-se.

OS VÁRIOS TIPOS DE ARREMETIDAS DESCRITOS NO *T'UNG HASÜAN TZU*

Profundas ou rasas, lentas ou rápidas, diretas ou oblíquas, as arremetidas de modo algum são uniformes, tendo cada uma características e efeitos distintos. Uma arremetida lenta deve lembrar o movimento da carpa brincando com um anzol; a rápida, o vôo dos pássaros contra o vento. Enfiar e tirar, movimentar-se para cima e para baixo, para a direita e para a esquerda, a intervalos ou em sucessão, tudo isso deve ser coordenado. Cada arremetida deve ser usada no momento conveniente, não se devendo teimar em usar só um estilo por motivo de preguiça ou pudor.

1 Golpeie à direita e à esquerda como um bravo guerreiro tentando romper as linhas inimigas.
2 Mova-se para cima e para baixo como um cavalo selvagem corcoveando ao atravessar um rio.
3 Tire e ponha como um grupo de gaivotas brincando nas ondas.
4 Alterne arremetidas profundas com cutucões rasos excitantes, como um pardal bicando migalhas num almofariz.
5 Dê cutucões profundos e rasos em rápida sucessão, como uma grande pedra afundando no mar.
6 Enfie lentamente como uma cobra entrando no covil para hibernar.
7 Arremeta rapidamente como um rato correndo para o seu buraco.
8 Estaque e em seguida golpeie como uma águia apanhando uma lebre esquiva.
9 Erga-se e mergulhe como um grande veleiro arrostando um temporal.

Arremetidas Carinhosas

Quando os parceiros se sentem realmente atraídos e conhecem intimamente o corpo um do outro, o ato sexual entre eles parece uma bela dança coreografada. Mas se o lingam sempre se movimenta para dentro e para fora da yoni da mesma maneira, o ato logo se torna tedioso e insípido.

Variar o ritmo e a profundidade da arremetida ajuda o amor a durar mais e introduz uma variedade que leva ambos os parceiros a sentir mais prazer. Experimente diferentes arremetidas a diferentes velocidades, intensidades e profundidades (ver quadro à esquerda). As variações ajudarão o lingam a permanecer rijo e ereto, permitindo que o homem controle mais facilmente a ejaculação.

PROBLEMAS DE EREÇÃO

Não é raro que um homem se sinta embaraçado e envergonhado quando o seu lingam falha e ele não consegue ter ereção. Homens e mulheres precisam reconhecer que isso faz parte da sexualidade masculina e pode acontecer a homens de qualquer idade. Alguns acham que o episódio significa o fim de sua vida sexual, mas quase sempre nada mais é que um acontecimento isolado ou uma fase passageira. E muitos descobrem ser fácil remediar as coisas com masturbação, exercícios respiratórios, contrações do pubococcígeo ou leves toques de massageador elétrico.

Embora alguns achaques físicos (e remédios) possam causar problemas de ereção, a causa é o mais das vezes psicológica. Certos homens não entendem que a incapacidade ocasional de ter ereção é uma ocorrência comum e natural, resultante de fatores como *stress*, fadiga ou álcool. Devido a essa incompreensão, um único fracasso pode suscitar o medo arraigado de impotência permanente — medo que constitui um dos principais fatores em muitos casos de impotência crônica.

A impotência normalmente se torna um grande problema quando o homem *acha* que é um grande problema. Se ele se pressiona demais para exibir um bom desempenho, quase sempre fica mais frustrado e menos capaz. Caso a impotência seja um problema entre você e a sua parceira, existem inúmeras técnicas que você poderá experimentar antes de correr a um médico ou terapeuta sexual.

Reaprenda como Estimular-se

À medida que o homem envelhece, em geral ele precisa de mais estimulação para ter ereções. Alguns acham que a única maneira de conseguir uma ereção é por meio do sexo oral, ao passo que outros precisam de fricção manual constante para conservá-la. Se esse é o seu caso, evite manipular ou apertar com muita força o lingam, pois isso pode reduzir a ereção.

O Combate à Impotência

Se você está tendo problemas de ereção, é necessário que converse com a sua parceira e conte-lhe as suas preocupações. Isso ajuda a aliviar a tensão e a abrir caminho para que ambos comecem a superar o impasse. O próximo passo será ficarem à vontade. Se você estiver estressado, encontrará dificuldade para ter ereção. Se se sentir descontraído, tê-la-á com mais facilidade. E lembre-se sempre de que você não precisa de um lingam duro para fazer sexo.

LINGÜÍSTICAS DO LINGAM 43

Há muitas maneiras de ser um grande amante — beijos e carícias, sexo oral, massagem, pênis artificiais para penetração vaginal ou anal, vibradores, jogos de fantasia e masturbação mútua. O importante é relaxar, divertir-se e esquecer a ereção — concentre-se apenas na estimulação erótica da sua parceira. Quanto mais você procurar excitá-la, mais possibilidade terá de se excitar. A excitação dela poderá ser suficiente para proporcionar-lhe uma ereção, mas, se isso não acontecer, ainda poderá fazer amor usando o método da entrada mole.

O Método da Entrada Mole

O método da entrada mole ("entra mole e sai duro") é um modo de penetrar a parceira sem ereção, mas com uma ajudazinha dos dedos. Vale a pena praticá-lo mesmo que você não enfrente problemas de ereção, pois nenhum homem pode estar certo de que ficará com o lingam duro sempre que o desejar. A entrada mole constitui sem dúvida uma experiência nova e excitante para a mulher, quando bem executada, e para você também será útil quando quiser fazer amor de novo logo depois de ejacular.

As posições mais convenientes para a entrada mole são: lado a lado (de frente) ou com o homem por cima. Nessas posições, a liberdade de movimentos é a maior possível.

O casal deve começar com abraços e carícias. Demoradamente, excite a sua parceira até ela ficar bem molhada com os seus próprios fluidos, ou aplique boa quantidade de lubrificante à base de água na cabeça e corpo do lingam (ou da camisinha, caso estiver usando uma). Em seguida, com o polegar e o indicador, forme um anel em volta da base do lingam e aperte-o com firmeza para que pelo menos a parte superior fique um pouco rígida. Poderá agora introduzi-lo na yoni e — sempre apertando-o — começar cuidadosamente a arremeter. Depois de começar a arremeter, a sua ereção deverá intensificar-se o bastante para você soltar a base do lingam. A sua parceira ajudará muito se acariciar os seus testículos e pressionar o seu períneo, ou introduzir um dedo no seu ânus caso você goste de estimulação anal.

A entrada mole não funciona sempre e com todos os homens. Mas, para aqueles que sabem usá-la, ela oferece boa chance de sucesso.

A YONI

> O termo yoni vem de uma cultura e religião em que as mulheres sempre foram vistas e honradas como a encarnação da divina energia feminina — energia conhecida como Shakti — e em que os genitais femininos são considerados um símbolo sagrado da Grande Deusa.
>
> — RUFUS C. CAMPHAUSEN

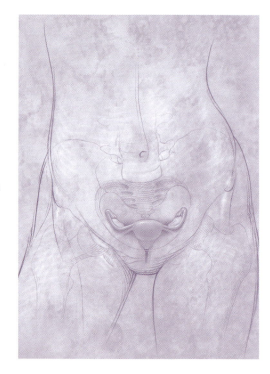

A palavra *yoni* é um termo sânscrito que significa "matriz", "origem" e "fonte" ou, mais especificamente, "vulva". A yoni é a fonte de toda vida, prazer e beleza, além de incorporar o princípio gerador. Na tradição indiana, a yoni é vista como a entrada para o santuário original e é usada no culto de Shakti, força criadora feminina e corporificação da receptividade. O *padma* ou lótus é um símbolo corriqueiro para a genitália feminina no Oriente. No Ocidente, em geral a yoni é simbolizada pela rosa.

Em lugar de vulva e vagina, prefiro usar a palavra "yoni" porque é mais poética e menos clínica. Além de tudo, enfatiza a extraordinária beleza dessa parte do corpo feminino e o respeito devido a ela.

A yoni é vista como a fonte da vida, do prazer e da beleza. Ela incorpora o princípio gerador.

46 SUTRAS YONI

Partes Principais da Yoni

As partes externas da genitália feminina consistem no monte-de-vênus, nos lábios (lábios vaginais) e no clitóris. O monte-de-vênus (*mons veneris*) é uma camada de gordura que cobre o osso pubiano e se divide para formar os lábios vaginais exteriores (grandes lábios). Dentro destes encontram-se os lábios vaginais interiores (pequenos lábios), a abertura da uretra e a entrada da vagina. Os pequenos lábios juntam-se no alto para formar o "capuz" que protege a altamente sensível cabeça do clitóris quando ele não está ereto. Arregace o capuz e o clitóris ficará à mostra.

Quando a mulher está excitada, os lábios vaginais ficam túrgidos e de cor escura. O corpo do clitóris se enrijece e encolhe, enquanto a vagina se dilata e excreta um fluido lubrificante. Ao mesmo tempo, os seios incham e os mamilos ficam eretos.

Se a estimulação continua, o clitóris aumenta ainda mais e como que desaparece. Isso se dá porque ele recua contra o osso pubiano e acaba encoberto pelos lábios vaginais intumescidos.

Durante o orgasmo, o batimento cardíaco da mulher quase dobra, a respiração torna-se três vezes mais rápida e o terço externo da vagina (a plataforma orgásmica) se contrai ritmicamente, em média de três a quinze vezes em outros tantos segundos.

OS TRÊS TIPOS DE ÓRGÃOS SEXUAIS FEMININOS SEGUNDO O *KAMA SUTRA* E O *ANANGA RANGA*

A CORÇA
Essa é a yoni que não excede uma profundidade equivalente à largura de seis dedos (cerca de 12 cm). Em geral, a mulher com esse tipo de yoni tem corpo macio e juvenil, bem-proporcionado, com bons seios e sólidas ancas. Come moderadamente e gosta dos prazeres do amor. Sua mente é muito ativa e o suco de sua yoni lembra o delicioso perfume da flor do lótus. É considerada de pequeno tamanho.

A ÉGUA
Essa é a yoni que não excede uma profundidade equivalente à largura de nove dedos (cerca de 17 cm). Em geral, a mulher com esse tipo de yoni tem o corpo delicado, seios e ancas generosos, e região do umbigo proeminente. Tem pés e mãos bem-proporcionados, pescoço comprido e fronte recuada. A garganta, os olhos e a boca são largos; os olhos, muito bonitos. É versátil, afetuosa e graciosa, gosta de boa vida e descanso. Não atinge facilmente o clímax e o seu suco do amor é perfumado como o lótus. É considerada de tamanho médio.

A ELEFANTA
Essa é a yoni que tem de profundidade o equivalente à largura de doze dedos (cerca de 25 cm). Essa mulher em geral ostenta seios grandes, face larga e membros muito curtos. É glutona e come ruidosamente; sua voz é áspera e dura. Não é fácil satisfazê-la, mas seu suco do amor é abundante e cheira como as secreções de uma elefanta no cio. É considerada de tamanho grande.

> *O espírito do Vale nunca morre. É chamado de fêmea misteriosa. E o umbral da fêmea misteriosa é a base de onde se erguem o céu e a terra. Está sempre dentro de nós; bebe dele quanto quiseres; ele nunca se esgota.*
>
> — Tao Te Ching

O Clitóris

A palavra "clitóris" vem do grego *kleitoris* e significa "genitais femininos". Outros vocábulos para o clitóris incluem os termos chineses traduzidos por "língua dourada", "núcleo do prazer" e "terraço de jade".

Um bom conhecimento do clitóris é imprescindível para a saúde sexual e a felicidade emocional das mulheres. Entretanto, no passado, a maior parte dos livros e manuais de sexo davam pouquíssima atenção a ele, além de descrevê-lo como um órgão do tamanho de uma ervilha, cuja única finalidade era proporcionar prazer.

Verdade é que uma mulher pode ter gozo sexual ou orgasmo sem saber nada sobre a sua anatomia e, mesmo, sem tocar nenhuma parte dela. Todavia, quanto mais informada você fica a respeito do seu eu físico, mais potencial para o prazer adquire.

Reconhecer que o clitóris é muito mais que uma glândula facilitará a descoberta do seu potencial sexual e aumentará a sua capacidade de sentir prazer. Esse conhecimento é importante, sobretudo para a mulher, quando não em virtude do poderoso impacto que esse pequeno órgão exerce sobre o orgasmo feminino.

O clitóris é, para a maioria das mulheres, a chave do prazer sexual. Só elas são capazes de ter um orgasmo cujo único propósito é o prazer. Sua capacidade de receber e transmitir sensações de toque, pressão e vibração é insuperável. Trata-se de uma fonte de imenso prazer para as mulheres e uma parte essencial do processo que culmina no orgasmo.

O clitóris pode variar muito em tamanho e aparência. Mas ele é muito mais do que o órgão desprotegido, do tamanho de uma ervilha, ou do "botão" que você vê. Ele, na verdade, faz parte de um órgão muito maior. Todas as partes do clitóris funcionam juntas para proporcionar prazer sexual e levar ao orgasmo, mas o clitóris é certamente muito mais do que a soma dessas partes.

O clitóris tem entre seis mil e oito mil terminações nervosas sensoriais, mais do que qualquer outra estrutura do corpo humano — seja masculino ou feminino — e quatro vezes mais glândulas do que o lingam.

No total, o clitóris tem cerca de dez centímetros de comprimento e, quando a ponta é estimulada com

48 SUTRAS YONI

dedos, língua, brinquedos eróticos ou lingam, todo ele se ingurgita e torna-se firme, sensível.

Rebecca Chalker, em seu livro *A Verdade sobre o Clitóris*, lembra que o clitóris e o lingam foram considerados equivalentes sob vários aspectos por mais de 2.500 anos. Mas, a partir do século XVIII, essa noção foi gradualmente reprimida e esquecida, de modo que o clitóris deixou de ser definido como um amplo sistema orgânico para figurar como uma pequena bomba do tamanho de uma ervilha. A teoria dela é que isso foi possivelmente, ou mesmo certamente, resultado de "um modelo de sexualidade heterossexual centrado no macho".

Só em 1966, quando a psiquiatra feminista Mary Jane Sherfe publicou um artigo sobre a sexualidade feminina, o clitóris começou, por assim dizer, a tomar forma novamente. O processo de definir com precisão a anatomia geral do clitóris completou-se em 1981, graças às pesquisas da Federation of Feminist Women's Health Centers, que identificaram dezoito partes individuais.

Anatomia do Clitóris

O clitóris consiste numa ponta arredondada (glande ou coroa) ligada a uma parte mais comprida (o corpo). O corpo tem dois "braços" (chamados *cura*) que recuam para dentro do corpo da mulher, sob a pele e dos dois lados acima da abertura vaginal. Os nervos que controlam as contrações musculares clitorianas correm pelas paredes da vagina, da bexiga e da uretra, transmitindo as sensações geradas em todos os pontos da região. Em geral, apenas a glande é visível porque os pequenos lábios se unem acima do corpo do clitóris para formar um capuz chamado prepúcio.

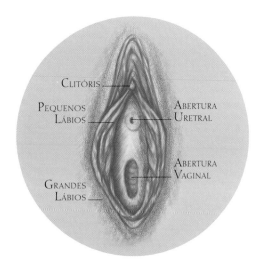

Os lábios internos da vagina unem-se no alto para formar o capuz protetor do clitóris. Uma boa estimulação do clitóris é a chave para o prazer sexual da maioria das mulheres.

Como o lingam, tanto a cabeça quanto o corpo do clitóris são constituídos de tecido esponjoso e erétil. Esse tecido embebe-se de sangue durante a excitação, fazendo com que o clitóris quase dobre de tamanho. Contudo, não há evidência alguma de que um clitóris maior proporciona excitação sexual mais intensa.

SUTRAS YONI 49

Os terminais nervosos do clitóris tornam o órgão altamente sensível a qualquer tipo de toque ou pressão. Estimular uma mulher física e mentalmente faz com que o clitóris, os lábios e a área circunjacente fiquem túmidos de sangue, tal qual um lingam ereto.

À medida que a mulher se excita, o clitóris torna-se menos visível, pois os tecidos do capuz incham a fim de cobri-lo e protegê-lo do contato direto, que pode ser intenso demais para muitas mulheres. Depois do orgasmo (ou depois que a estimulação cessa), o sangue reflui da área e ela volta ao tamanho normal.

Hoje é moda adornar o clitóris com *piercings*. Algumas mulheres gostam da estética de um anel ou barra clitoriana; outras o fazem por razões pessoais ou espirituais. O motivo mais comum para colocar *piercings* no clitóris ou no capuz é uma maior intensidade de orgasmo. Nem todas relatam orgasmos melhores em conseqüência dessa prática, mas as que o fazem têm algumas boas histórias para contar.

Não há nada de fisiologicamente errado em colocar *piercings* nos seus genitais (ou em qualquer outra parte da sua anatomia), apenas certifique-se de que a operação seja realizada em condições de limpeza e higiene. E saiba que, em se tratando do clitóris, a intervenção é mais dolorosa e pode levar muito mais tempo para cicatrizar que as executadas em qualquer outra parte do corpo.

À medida que a produção de estrogênio nas mulheres diminui com a idade, ocorrem certas mudanças que afetam suas respostas sexuais. Para algumas, essas mudanças incluem menor sensibilidade clitoriana e alteração da forma do clitóris.

Explore a Yoni

Acho surpreendente que, em pleno século XXI, ainda exista um sentimento de vergonha e culpa com respeito ao sexo, à sexualidade e às funções do corpo humano.

Como mulher no início da casa dos 40, tenho consciência (em resultado de contatos e conversas com outras mulheres) da importância, para nós, de reivindicar a condição de divindade. Isso implica assumir responsabilidade pelo nosso próprio prazer, bem como pela compreensão e percepção de nosso corpo e zonas erógenas. Quase todas somos influenciadas por atitudes negativas, socialmente impostas, frente ao sexo e às diferentes partes do corpo humano. A repressão faz com que nos tornemos incapazes de tocar e explorar o nosso próprio corpo em busca de prazer sexual. Assim, com muita freqüência, a simples falta de informação provoca sofrimento desnecessário.

Depois de ler *Sex for One*, de Betty Dodson, percebi que eu não fazia idéia de

50 SUTRAS YONI

como eram os meus genitais e em que se distinguiam dos de outras mulheres. Sabia apenas, por ter perguntado aos meus parceiros, que toda mulher é única. Não há duas iguais na natureza. Antes de prosseguir, quero aqui recomendar-lhe que examine bem a sua yoni. Você precisa se conscientizar de que a origem da energia para o prazer sexual jaz dentro do seu próprio corpo. Costumamos devotar muito tempo e energia àquilo que podemos ver, como o rosto e o cabelo, e negligenciamos as partes ocultas de nós mesmas.

Sugiro sinceramente que, como exercício, você faça o exame sozinha e depois compartilhe a experiência e as descobertas com o seu parceiro. Sente-se numa posição confortável, sob boa luz, e use travesseiros ou almofadas para apoiar-se. Precisará de um espelhinho para observar a sua yoni, de preferência um que possa escorar para ter as mãos livres. Poderá também recorrer a uma câmera fotográfica instantânea e ver-se como nunca se viu antes.

Explore a sua yoni com a mesma atenção e interesse que dedica ao rosto e a outras áreas do corpo. Procure identificar as diferentes partes da yoni — clitóris, lábios, uretra —, como também o períneo e o ânus. Arregace os grandes lábios e olhe dentro. Atente para os pequenos lábios. Observe o seu tamanho e forma, as diferentes cores e texturas, os locais úmidos e secos. Examine o clitóris

e o capuz que o protege. Veja se consegue movimentar o capuz para cima e para baixo ao longo do corpo do clitóris. De que cor é o seu clitóris? Qual seu tamanho e forma? Toque-o e acaricie-o, explorando a variedade de sensações. Prenda o corpo do clitóris entre os dedos e movimente-o para a frente e para trás. Observe se ele se intumesce e muda de cor com a estimulação.

Arregace os lábios e examine o interior da yoni com os dedos. Faça isso antes de se excitar e, uma vez excitada, repita a operação. Respire algumas vezes para relaxar e pressione delicadamente as paredes internas da yoni, girando o dedo ou os dedos e notando as diferentes sensações. Onde essas paredes são macias ou rugosas? Contraia a musculatura pélvica e constate a pressão exercida sobre os seus dedos.

Se começar a se excitar, a sua yoni ficará intumescida e úmida por causa do prazer. Retire o dedo ou os dedos e observe o líquido. Tem ele cor ou consistência particular? Qual o seu gosto e cheiro? Isso varia consideravelmente de mulher para mulher, de dia para dia e em diferentes fases do ciclo mensal. Familiarize-se com a forma, o cheiro e o gosto da sua yoni, aprendendo assim a apreciar TODAS as partes do seu corpo.

O PONTO G — A JÓIA NO LÓTUS

> *Delicioso instrumento é a mulher quando tocado com arte. Quão capaz ela é de produzir as mais peregrinas harmonias, de executar as mais complicadas variações do amor e de propiciar o mais divino dos prazeres eróticos!*
>
> — Ananga Ranga

O ponto Gräfenberg ou ponto G (assim chamado em homenagem ao homem que o "descobriu") é uma área hipersensível no interior da vagina. A área do ponto G é também conhecida como esponja uretral, e contém tecido esponjoso pontilhado de terminais nervosos, vasos sangüíneos, glândulas e dutos parauretrais. Ele recobre a uretra feminina (tubo urinário) por todos os lados. Durante a estimulação sexual por pressão de dedos ou de certas posições e movimentos do lingam, a "esponja" pode ficar ingurgitada de sangue. Enrijece, torna-se sensível ao toque e pode ejacular um fluido orgásmico chamado pelos chineses de "remédio da flor lunar" ou "água da flor lunar".

Toda mulher tem esse ponto ou área na sua vagina, mas cada qual sente-o de maneira diversa. A sensibilidade dele varia de mulher para mulher e depende de uma grande variedade de fatores psicológicos ou físicos. Quando uma mulher se excita, essa área fica túmida e, conseqüentemente, mais sensível à estimulação, que para algumas leva a um orgasmo mais pronunciado e até à ejaculação. Também não é incomum, quando o ponto G é massageado, sentir necessidade de urinar; mas se a estimulação continua, essa sensação logo se transforma em excitação sexual. Embora o ponto G seja o mais conhecido, existem outros locais sensíveis dentro da yoni, únicos em cada mulher.

Localize o Ponto G

O ponto G pode ser sentido ao longo da parede frontal da vagina, do lado da

52 SUTRAS YONI

barriga, a aproximadamente cinco centímetros da entrada da yoni. É um local bem escondido, no recesso da parede vaginal e do tamanho de um grão de feijão, embora tamanho e localização variem de mulher para mulher. Além disso, você achará difícil localizá-lo quando não estiver excitada. A melhor maneira de detectá-lo você mesma é deitar-se de costas com as pernas para o ar. Insira então o dedo médio na yoni, pressione-o suavemente e sonde o interior em busca do ponto G.

Ato Sexual e Ponto G

As melhores posições são aquelas em que a mulher consegue controlar a profundidade da penetração e guiar o lingam para estimular o ponto G. As de penetração por trás funcionam bem, com os parceiros de joelhos (estilo cachorrinho) ou a mulher deitada de bruços sobre um travesseiro e o homem por cima. Essas posições permitem ao homem movimentar-se sobre a parceira numa posição mais vertical e arremeter menos profundamente para estimular-lhe o ponto G.

Bom também é que a mulher se deite de costas com as pernas erguidas e os calcanhares pousados nos ombros do parceiro, ou o homem se estenda na cama e a mulher se sente sobre o lingam de costas para ele. Nesta última posição ela pode, se for suficientemente flexível, apoiar-se nas mãos e dobrar-se para trás, em direção ao peito do parceiro.

Outra posição para a estimulação do ponto G é aquela em que a mulher se deita de costas, recolhe os joelhos para o peito, cruza os tornozelos e encosta-os ao peito do homem. Ele fica ajoelhado de frente para ela, com as mãos em suas coxas. Também é possível estimular o ponto G fazendo pressão sobre o abdome, pouco acima do osso pubiano, durante a masturbação ou a cópula.

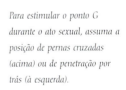

Para estimular o ponto G durante o ato sexual, assuma a posição de pernas cruzadas (acima) ou de penetração por trás (à esquerda).

SUTRAS YONI 53

O MÚSCULO DO AMOR

Também conhecido como musculatura do assoalho pélvico, o músculo pubococcígeo é na verdade um grupo de músculos localizado na base da pelve e que se estende do osso pubiano ao cóccix. Agindo como uma tipóia, ele suporta todos os seus órgãos sexuais e reprodutores, além da uretra e do reto.

O pubococcígeo é o músculo mais importante para incrementar, expandir, explorar e gozar a própria sexualidade. Quanto melhor for a saúde e a condição desse músculo, mais satisfação o homem e a mulher obterão do sexo. Um músculo pubococcígeo geralmente é mais sensível à estimulação física quando está saudável do que quando está fraco, e às vezes um músculo fraco em parte é responsável pela incapacidade da mulher de atingir o orgasmo durante a cópula.

Como qualquer outro músculo do corpo, o pubococcígeo — ou "músculo do amor" — pode ser educado e adestrado por meio de exercícios convenientes. Fortalecer o músculo melhora o fluxo sangüíneo e a circulação na área da yoni (inclusive o ponto G e o períneo), ajudando também a incrementar a lubrificação e a energia sexual. Quanto mais forte for o músculo, mais prazer você sente e maior se torna a sua resposta sexual e orgásmica.

Exercitar e robustecer o músculo pubococcígeo ao longo da vida é importante para preservar a saúde e concretizar o potencial erótico. O parto e o processo de envelhecimento enfraquecem o músculo e, a menos que ele seja exercitado regularmente, sua força aos poucos irá decrescendo. Esse é um dos motivos pelos quais as mulheres têm dificuldade para reter a urina quando idosas. A exercitação do pubococcígeo também estimula a lubrificação vaginal e é ótima para mulheres mais velhas, que já passaram pela menopausa e sofrem de secura no revestimento vaginal.

A Localização do Músculo Pubococcígeo

A maneira mais fácil de localizar o músculo pubococcígeo é praticar a retenção e a soltura da urina quando se esvazia a bexiga. Contraia o músculo — a sensação é a de repuxo — e relaxe-o como se estivesse defecando. Se sentir que o estômago, as nádegas e os músculos das coxas se movimentam ao

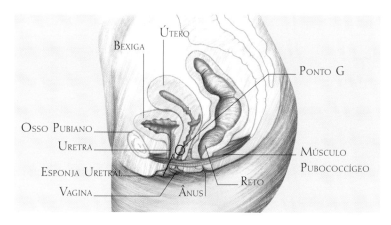

mesmo tempo, você precisa aprender a isolar o pubococcígeo.

Outra maneira de localizar o músculo é introduzir um dedo na yoni e forçar uma contração: o músculo então usado será o pubococcígeo. A contração fará você sentir como se estivesse puxando a yoni para cima e para dentro do corpo, podendo ser percebida no clitóris, na vagina e no ânus. Tente em seguida introduzir dois dedos lado a lado, tão profundamente quanto puder sem sentir desconforto. Afaste então os dedos como se estivesse abrindo uma tesoura. Contraia o pubococcígeo, forçando os dedos a se juntarem. Se achar isso difícil, você precisa de exercício!

Exercícios para o Músculo Pubococcígeo

O fortalecimento do músculo depende de prática constante e regular. É boa idéia usar um dispositivo de resistência para que o músculo tenha o que comprimir: pode ser o lingam do seu parceiro, um pênis artificial ou os dedos — seus ou dele. Deve ser algo resistente, mas macio. Também é possível adquirir um "haltere" especialmente desenhado para a yoni da mulher.

Reserve tempo para duas sessões de quinze minutos diariamente. Usando o dispositivo de resistência, contraia o músculo pubococcígeo por três segundos e distenda-o, relaxando por outros três. Se não conseguir agüentar os três

segundos, contente-se com um ou dois. Aos poucos e com a prática, chegará a dez segundos, mas sempre será preciso relaxar pelo mesmo lapso de tempo entre as contrações. Pratique uma série de dez contrações e distensões; depois aperte e relaxe o músculo o mais rápido que puder, por quanto tempo conseguir. Como com qualquer outro músculo que volta a ser exercitado, convém começar gradualmente para não exauri-lo.

Exercícios para o pubococcígeo sem dispositivo de resistência também são muito eficazes e você poderá praticá-los sem que ninguém o perceba, a qualquer tempo, em qualquer lugar e em qualquer posição. Dito isso, algumas mulheres acham as contrações muito estimulantes sexualmente, o que se reflete em sua respiração e rubor! Depois de familiarizar-se com a sensação de contrair e distender o músculo pubococcígeo, você poderá variar o tempo de contração e distensão, além do número de repetições, e incorporar a respiração ao exercício. Comece inspirando, contraindo o músculo de cinco a dez segundos e expirando ao distendê-lo. Em seguida repita o mesmo exercício, mas agora invertendo a respiração de modo a expirar quando contrair o músculo e a inspirar quando distendê-lo. Depois, tente "vibrar" o músculo, contraindo-o e distendendo-o o mais rápido possível, por tanto tempo quanto conseguir.

Também é útil praticar as contrações do pubococcígeo contra o lingam do seu parceiro, durante a cópula, e perguntar-lhe se ele pode senti-las. Dependendo da condição do seu músculo, só dentro de alguns dias ou semanas ele dirá que sim — mas dirá! A contração contra o lingam no momento em que este recua cria uma espécie de sucção das paredes vaginais que aumenta a estimulação e o prazer para ambos.

Os Tesouros do Pubococcígeo

Com um pubococcígeo desenvolvido, eis algumas dicas sensacionais para pôr em prática, quer esteja se masturbando com um pênis artificial, quer esteja copulando com o seu parceiro.

- Quando o lingam penetrar em sua yoni, contraia os músculos ritmicamente ao redor da glande.
- Quando ele estiver penetrando devagar, contraia os músculos ritmicamente, como se sugasse o lingam para dentro da yoni.
- Quando ele empurrar, relaxe os músculos; quando ele recuar, contraia-os.
- Ao praticar as Séries de Nove com o seu parceiro (ver p. 60), contraia o pubococcígeo quando ele recuar durante uma arremetida pouco profunda e aperte continuamente enquanto ele se movimentar para a frente e para trás durante as arremetidas profundas.

O ORGASMO FEMININO

Para começar, não existe uma maneira "certa" ou "normal" de sentir o orgasmo. Há muitas, e, assim como cada uma de nós é única e individual, individual e único é o nosso orgasmo. Admite-se, geralmente, que as mulheres têm capacidade para um prazer sexual quase inexaurível. Algumas experimentam mais de um tipo de orgasmo, outras são capazes de orgasmos múltiplos e umas poucas só raramente chegam ao orgasmo. Há quem goze apenas com um parceiro, quem só goze se masturbando e quem ache que não goza nunca. A verdade sobre o orgasmo é que as mulheres o sentem de maneira diferente e com intensidade variável.

O orgasmo está associado à estimulação de várias áreas genitais — internas, externas ou ambas. O clitóris é o ponto mais comum de estimulação e prazer. As mulheres atingem o orgasmo em conseqüência da estimulação direta do clitóris pela língua, pelos dedos ou vibradores, ou pela fricção contra o lingam em diferentes posições durante a cópula.

Parece que algumas mulheres não conseguem ter orgasmo, mas para elas a experiência da proximidade física e emocional com o parceiro constitui o aspecto mais agradável do sexo, mais importante até que o clímax. Na vida, há muitas experiências de êxtase, nem todas associadas ao sexo e ao orgasmo. O que vale é gostar de explorar o potencial erótico num relacionamento afetuoso. Informação e educação são importantes; mas a pressão para ter um bom desempenho conforme as regras antes inibe do que favorece o gozo sexual.

O primeiro passo para tornar-se orgásmica é renunciar a expectativas. Quando não há metas, você fica inteiramente no presente e vivencia todas as sensações à medida que acontecem. Infelizmente, nós, ocidentais, pensamos muito em objetivos. Achamos que o sexo tem de terminar em orgasmo para ser satisfatório; e, para os homens, orgasmo é ejaculação. Quando se pensa demais no ponto de chegada, perdem-se todos os momentos da viagem.

Qualquer pessoa, no entanto, pode aumentar seu prazer e satisfação graças a uma compreensão maior, abrindo-se para novas possibilidades de êxtase sexual e amoroso, com ou sem orgasmo. O que mais importa é usufruir da jornada da autodescoberta — a sós ou com um parceiro —, longe de pressões para alcançar objetivos ou ter bom desempenho. Viva cada momento na sua plenitude. Esteja presente e aberta, pois assim, sem dúvida nenhuma, as boas coisas virão até você.

Excite-se Mais

Como primeiro passo para chegar ao orgasmo, familiarize-se com a sua anatomia sexual e com o que a deixa excitada.

- Explore as diferentes áreas do seu corpo todo e, interna e externamente, a sua yoni. Descubra onde o seu corpo responde ao toque e como ele reage aos diferentes tipos de carícias. Use um vibrador ou pênis artificial para estimular o ponto G (ver p. 52); use o músculo pubococcígeo (ver p. 54) para contrações e distensões. Se você consegue satisfazer-se, com muito mais facilidade ajudará o parceiro a satisfazê-la.
- Se você responde bem à estimulação do clitóris, não se acanhe de estimular-se enquanto faz amor; ajuste a posição para aumentar a estimulação ou mostre ao parceiro como tocá-la ali. A carícia simultânea nos mamilos e no clitóris (ou no clitóris e no ponto G) com mãos, boca ou lingam ajuda a incrementar a excitação.
- O maior órgão sexual do homem ou da mulher é a mente; portanto, cumpre acreditar que você é capaz de sentir prazer intenso. Estimule o seu ser sensual criando o ambiente e a disposição necessária com velas, música ou com qualquer outra coisa que a motive. Experimente locais e horas diferentes. Examine literatura, fotografias ou filmes eróticos. A sua imaginação sempre a ajudará a aumentar o desejo e a excitação. Portanto, use-a!
- Seja verbalmente clara quanto ao que quer e aprecia, agradecendo ao parceiro quando ele a satisfizer. Se gosta de ter o clitóris friccionado, pressionado ou massageado, diga isso ao parceiro. Se gosta que ele sussurre ao seu ouvido, bata em suas nádegas ou lamba os seus dedos — qualquer coisa que a excite —, peça-lhe.
- Se quer mais lubrificação para intensificar a sensação, use a sua saliva ou a dele, ou óleo de amêndoa ou oliva.
- A respiração também pode ajudá-la muito a excitar-se. Respire profunda e ritmicamente, sem esforço, a fim de dilatar o peito e o ventre. Gemer é outra maneira eficaz de aumentar os níveis de energia sexual.
- Não tenha medo de tocar-se diante do parceiro. Se você se estimular, isso não

> *No orgasmo, a mulher lembra uma flor de lótus a desabrochar. A mulher que experimenta o orgasmo em seus nove níveis passa por nove etapas de florescimento até abrir-se e render-se ao amante que a serviu.*
>
> — Stephen Chang

58 SUTRAS YONI

só será educativo para ele como poderá melhorar tudo.

- Provocar é uma técnica que você deverá usar quando estiver se excitando sozinha ou com um parceiro. Ao atingir um patamar de desejo moderado, interrompa a estimulação até que ela decresça (sem, no entanto, desaparecer por completo). Em seguida, volte a estimular-se e a parar. Repita algumas vezes, aumentando aos poucos a intensidade do prazer e do suspense. Se chegar ao orgasmo, o seu nível de energia estará alto; e, se a estimulação continuar, você poderá manter o grau de excitação e até chegar a outro orgasmo graças ao mesmo método de estimulação e interrupção. O seu parceiro também deverá provocá-la com o lingam na entrada de sua yoni, passando devagar à penetração e às posições que estimulam o ponto G.

Séries de Nove

Essa é uma técnica que, durante a cópula, o homem pode usar para ajudar a parceira a atingir os nove níveis de orgasmo (ver página seguinte).

A primeira Série de Nove consiste em nove arremetidas de pouca profundidade e em uma arremetida profunda. Ela incrementa o prazer, ajuda a evitar a ejaculação precoce e mantém um alto nível de percepção e concentração. As mulheres acham-na extremamente excitante. O homem arremete devagar, delicadamente, amorosamente. Durante as primeiras nove arremetidas, permite que apenas a cabeça do lingam penetre a yoni; essas são as arremetidas de pouca profundidade.

Na arremetida profunda, ele enfia o lingam inteiro. Isso, além da estimulação sensorial, força o ar para fora da yoni, criando um vácuo parcial durante as arremetidas de pouca profundidade e fazendo com que a mulher primeiro seja provocada, depois fique satisfeita. Ao arremeter, o homem deve cuidar para que o lingam não escape da yoni.

Após nove arremetidas de pouca profundidade e uma profunda, ele continua com:

- oito arremetidas de pouca profundidade e duas profundas
- sete arremetidas de pouca profundidade e três profundas
- seis arremetidas de pouca profundidade e quatro profundas
- cinco arremetidas de pouca profundidade e cinco profundas
- quatro arremetidas de pouca profundidade e seis profundas
- três arremetidas de pouca profundidade e sete profundas
- duas arremetidas de pouca profundidade e oito profundas
- uma arremetida de pouca profundidade e nove profundas.

A idéia é completar tantas Séries de Nove quantas for possível, sem ejacular. Os melhores e mais agradáveis resultados são obtidos quando o ritmo é lento. Estando o lingam prestes a escapar da yoni, ela se contrai instintivamente para retê-lo. Essa contração instintiva aumenta a expectativa psicológica da mulher, enquanto espera ser novamente penetrada pelo lingam do parceiro.

Para intensificar ainda mais o seu prazer, a mulher deve contrair e apertar conscientemente a yoni quando o lingam do parceiro recuar. Isso resulta em mais fricção, mais estimulação, mais prazer. O homem, a princípio, pode achar excessivo esse grau de estimulação, sendo por isso conveniente variar o número de séries e o ritmo segundo a habilidade de cada um. Para o homem, o ritmo e até a estimulação da cabeça e do corpo do lingam ajudam a retardar a ejaculação. Desse modo, a cópula se prolonga e enseja para ele uma experiência ainda mais inesquecível de orgasmo.

OS NOVE NÍVEIS DO ORGASMO FEMININO

SEGUNDO O TAO DA SEXOLOGIA, OS NOVE NÍVEIS DO ORGASMO FEMININO SÃO:

NÍVEL	ÓRGÃOS ENERGIZADOS	RESPOSTA DA MULHER
1	PULMÕES	Suspira, a respiração torna-se entrecortada ou pesada, acompanhada de salivação
2	CORAÇÃO	Estende a língua para beijar, o coração se acelera
3	BAÇO, PÂNCREAS E ESTÔMAGO	Os músculos se ativam, ela estreita o corpo do parceiro; a salivação aumenta tanto que a língua esfria (sinal seguro)
4	RINS E BEXIGA	Espasmos vaginais, fluxo de líquidos
5	OSSOS	As articulações se afrouxam; morde o homem, retorce-se e aperta-o com força
6	FÍGADO E NERVOS	Ondula e gira, enlaçando o homem com pernas e braços, podendo começar a morder
7	SANGUE	O sangue dela "ferve". Transpira muito e tenta tocar o corpo todo do homem
8	MÚSCULOS	Os músculos se distendem, fica macia como seda ou morde e aperta os mamilos dele
9	CORPO TODO	Esmorece, abre-se e rende-se completamente, num clímax total de vazio rejuvenescedor

SUTRAS YONI 61

A EJACULAÇÃO FEMININA

O fato de a mulher poder ejacular é novidade para muitas pessoas, mas não é uma descoberta recente. Aristóteles falou da ejaculação feminina e antigos taoístas, bem como adeptos do tantra, também sabiam de sua existência. Algumas mulheres ejaculam sempre que fazem amor; outras, de vez em quando; e muitas não ejaculam nunca, mas ainda assim apreciam o ato.

Os taoístas chamam os líquidos produzidos durante a atividade sexual de "as três águas". A primeira água é a lubrificação provocada pela excitação; a segunda consiste nos fluidos emitidos por ocasião do orgasmo e a terceira é a ejaculação liberada pela esponja uretral, relacionada diretamente com a estimulação do ponto G (ver p. 52). No entanto, para algumas mulheres, a estimulação do ponto G não é necessária para o orgasmo com ejaculação. Elas aprenderam a fazer com que o próprio orgasmo leve a isso. Pensa-se também que, quanto mais forte for o músculo pubococcígeo (ver p. 54), maior será a possibilidade de ejaculação.

O fluido liberado durante a ejaculação tem textura aquosa e é claro ou leitoso, dependendo da dieta e do ciclo mensal. A quantidade produzida varia do imperceptível ao equivalente a uma colher de chá e, mesmo, a esguichos ou jatos. Algumas mulheres capazes de ejacular quantidades copiosas de fluido às vezes sentem vergonha e embaraço. Certamente não há motivo para isso. Há motivo para comemorar!

A ejaculação pode ocorrer em conseqüência do estímulo do interior da vagina e do ponto G, pode acompanhar o orgasmo ou ser mero indício de prazer sexual intenso sem orgasmo. Talvez você e o seu parceiro, sabendo que existe essa possibilidade, se animem a explorá-la e a ampliar o seu repertório sexual. Assim, melhorarão a sua resposta sexual e você não se constrangerá, certa de que não está urinando.

Ainda que você não tenha a capacidade de ejacular, a de dar e receber prazer será mais compensadora e o seu gozo sexual se intensificará graças à prática dos exercícios do músculo pubococcígeo.

O VALOR DOS JOGOS DE AMOR

... uma relação sexual sem preliminares é incompleta. Desejo, afeição e amor criam um duradouro estado de espírito em virtude do qual o rapaz e a moça, atiçados por carícias e beijos, se abandonam de todo o coração ao ato amoroso.

— RUPAGOSVAMI

No Ocidente, costumamos ver as preliminares como um aquecimento antes da cópula, ao passo que em muitas culturas asiáticas elas são tradicionalmente consideradas uma parte completa da experiência sexual. Concordo com a visão asiática e é por isso que uso a expressão "jogos de amor" em vez de "preliminares". A palavra "preliminares" implica atividades que simplesmente conduzem a algo mais — cópula ou cópula e orgasmo —, em lugar de ações que envolvem plenamente os participantes no aqui-e-agora. Quando há amor, quando você vive o prazer a cada momento e rende-se ao agora, não há futuro a lobrigar nem passado a remoer.

Com efeito, é importante, durante qualquer ato de amor, permanecer inteiramente no presente. Uma das coisas que distinguem fazer amor de copular é o pensamento. Se você pensa, não está inteiramente presente — nem o amor. Aceite as sensações físicas exatamente no instante em que acontecem.

O maior estímulo que o corpo pode receber é o amor.

As possibilidades eróticas, afora o ato, incluem beijos e carícias, massagem sensual, masturbação, sexo oral, jogos e brinquedos. Se você ampliar as suas opções, intensificará a sua resposta sexual, incrementará o desejo e a paixão e aprofundará a intimidade entre você e o seu parceiro.

Os jogos de amor também promovem mudanças e variedade no ato amoroso, evitando que o sexo se transforme em rotina, fator destrutivo em qualquer relacionamento. Eles incentivam os amantes a discutir, a experimentar e a perder inibições, além de sugerir-lhes idéias que talvez nunca antes lhes tenham ocorrido. O dar-e-receber erótico mais demorado, sem a meta do orgasmo,

amplia e multiplica os níveis de excitação sexual.

Quando você conseguir apreciar o sexo e o amor como um ato de veneração, saberá que beijar, tocar e acariciar são elementos essenciais do ritual. Tocando-se e acariciando-se um ao outro, você permanece em contato consigo mesmo e com o parceiro. Por meio da carícia, a energia entra e flui pelo nosso corpo, mantendo-nos vivos, despertos, compreensivos e agradecidos.

A carícia pode resumir-se num toque suave das mãos e dos dedos, quiçá acompanhada de óleos ou cremes. Pode consistir também em fricções, beijos, afagos com os lábios e com a língua. Às vezes, é realizada por meio do sopro ou de parte da anatomia — seios ou língua e mesmo dedos dos pés e pés — para esfregar o corpo do parceiro. Pode consistir até na fricção dos corpos, nus ou vestidos — a intimidade é a mesma.

Jogos Amorosos que Funcionam

Não se segue necessariamente que a habilidade sexual garanta um bom desempenho, e um perito em sexo não é, só por isso, um bom amante. Componentes essenciais de um bom desempenho incluem a compatibilidade entre os amantes e um grau semelhante, partilhado, de compromisso — por uma noite ou pela vida inteira. Outro componente é a autoconfiança, que gera a confiança no parceiro e a sensibilidade a seus estados de espírito e reações. No entanto, o componente mais importante de todos é o amor.

Os jogos amorosos devem ser vistos como um momento de prazer erótico mútuo ou de suprema veneração, não como uma tarefa que tem de ser cumprida antes da cópula. Além disso, a capacidade de controlar e liberar gentilmente o gozo do parceiro amplia e intensifica o seu próprio prazer. Sem dúvida, haverá ocasiões em que o casal está tão excitado que, ao começar a fazer amor, a mulher exigirá que o homem a

penetre imediatamente. Às vezes, nada pode ser mais excitante do que o "não posso esperar"; no entanto, a excitação é usualmente um processo lento, sobretudo para a mulher.

A regra para agradar é muito simples: não force o outro a fazer nada que ele ache embaraçoso ou incômodo. Não tenha medo de pedir o que quer ou de perguntar o que lhe agrada. Ninguém é obrigado a conhecer todos os desejos de uma pessoa; por isso, comuniquem-se, revelem o que lhes dá prazer e o que não lhes agrada.

Homem e mulher são, de muitas maneiras, seres misteriosos um para o outro, mas a maneira pela qual cada um obtém o máximo de prazer sexual não deve ser segredo. Você conseguirá desvendar esse enigma com a comunicação, a prática e o amor, que são a chave para a felicidade sexual duradoura com o seu parceiro.

Tenha em Mente...

As zonas erógenas (ver pp. 68 e 70) que desempenham papel crucial nos jogos amorosos são muito particulares. Aquilo que o seu ex-parceiro apreciava pode não agradar ao atual. Explore minuciosamente o corpo dele para descobrir o que o "acende". Isso vale bem o tempo e o esforço, caso signifique uma experiência erótica mais excitante para ambos. Outra coisa: a importância do asseio pessoal deve ser sempre enfatizada.

O ânus, por exemplo, é uma zona extremamente erógena — mas só quando está limpo e higienizado. Você quererá explorar, beijar, lamber, apertar, esfregar e sondar cada parte do corpo do parceiro sem a mínima preocupação com higiene; de outro modo, o ato será inibido antes de começar.

O uso de palavras e sons durante o ato amoroso contribui grandemente para a excitação do parceiro. A conversa também introduz um elemento de jovialidade na relação, e, se vocês conseguirem permanecer sensíveis às necessidades mútuas, poderão interpretar as mútuas reações, eliminando barreiras e criando um clima de descontração.

As mordidas têm o seu lugar no ato amoroso, bem como os beliscões, as palmadas e os arranhões. Dependendo do seu humor e daquilo de que gosta, um pouquinho de dor pode ser excitante, desde que confinado às áreas menos sensíveis do corpo.

A seguir, tratarei das zonas erógenas, ou seja, das partes do corpo que respondem particularmente bem à atenção do parceiro e que lhe dizem o que deve fazer. Como prelúdio, saiba do seguinte: a maior zona erógena do corpo é a mente, e não há nada mais estimulante que a expectativa.

DICAS DE JOGOS AMOROSOS

- Não se apresse.
- Relaxe.
- Saboreie cada momento.
- Recorra a uma massagem demorada e relaxante para começar a "acender" o parceiro.
- Tocar os cabelos e a pele cria uma atmosfera íntima.
- Abraços que unem totalmente os corpos geram receptividade e segurança.
- Beijos demorados e mordidelas nos lóbulos da orelha são meios seguros de excitar.
- Ambos os sexos gostam que seus mamilos sejam suavemente acariciados, lambidos e chupados.
- O homem experimentará prazer intenso se você apertar e esfregar-lhe o lingam enquanto ele observa.
- A mulher gostará de ter a sua área púbica friccionada e seu clitóris estimulado antes que uma experimentação mais profunda comece.

ZONAS ERÓGENAS DO HOMEM

Diz-se que o homem possui apenas uma zona erógena — os genitais —, o que parece certo, porquanto ninguém se deu o trabalho de procurar outras. Reserve algum tempo para explorar o corpo dele e, com toda a certeza, descobrirá diversas áreas que o estimulam.

Os homens, em geral, são mais suscetíveis à estimulação visual que as mulheres, ponto importante a ter em mente durante o ato amoroso. Quase sempre, o homem gosta de ver o que a parceira está fazendo com ele. Se você se sentar sobre o seu parceiro, de frente, enquanto o toca e acaricia, ele poderá contemplá-la e perceber o que a excita.

Cabeça e Rosto

A menos que ele seja obcecado por manter o cabelo sempre arrumadinho, o seu parceiro certamente gostará que você lhe acaricie a cabeça e lhe insinue os dedos pelos cabelos. Há uma razão biológica para isso — as endorfinas, chamadas hormônios do prazer, são liberadas no cérebro quando o couro cabeludo é massageado.

Beije, mordisque, sugue e belisque os lóbulos das orelhas dele. Sussurre, sopre ou apenas respire junto a seus ouvidos. O ar tépido pode ser muitíssimo excitante. E, quando você não o estiver mirando afetuosamente bem nos olhos, alise-lhe os cílios com as pontas dos dedos ou a língua. Belisque ou morda-lhe o nariz levemente, esfregue o seu nariz no dele e não apenas beije os seus lábios — devore-os sensualmente! Lamba-os, sugue-os, beije-os ligeiramente e depois com ímpeto. Coloque a ponta da língua no céu da boca dele. Parece que o lábio inferior do homem está associado ao seu lingam por um canal energético. Faça a experiência!

Pescoço

Beije e lamba a área sob o queixo e ao redor do pomo-de-adão. Suba e desça entre o pescoço e os lábios. Sopre longamente ou respire junto ao pescoço.

Frente

Tal como as mulheres, os homens têm mamilos sensíveis e muitos ficam extremamente excitados quando essa parte é esfregada, torcida, beliscada, lambida e mesmo mordida de leve. Esfregar a barriga de um homem, ao redor do umbigo, com a palma da mão é outra boa maneira de "acendê-lo".

68 JOGOS DE AMOR

Costas e Bumbum

As mulheres admiram costas musculosas de homem, mas costumam ignorá-las durante os jogos de amor e o ato sexual. Pressione os músculos das costas e ombros do parceiro com as mãos, beijando e lambendo-lhe a espinha de cima para baixo e de baixo para cima. Esfregue-lhe o cóccix suavemente, até aquecê-lo.

As nádegas e a região anal do homem estão repletas de terminais nervosos. Acaricie e belisque-lhe o bumbum; em seguida, insinue um dedo entre as suas nádegas e acaricie-lhe o ânus.

Mãos e Pés

Gire o dedo médio em volta do centro e da protuberância das palmas, uma depois da outra. Comece suavemente e, em seguida, massageie com força, terminando por mordiscar e sugar os dedos.

Muita gente acha a idéia de alguém lamber os dedos e as solas de seus pés desagradável. Mas alguns homens adoram a atenção especial de uma massagem nos pés e ficam excitados quando uma mulher suga, lambe e beija essa área.

Genitais

Esfregar a base do lingam logo acima do escroto pode ser muito estimulante. O escroto, em si, é extremamente sensível, mas você pode acariciá-lo e mesmo pressioná-lo levemente, se não for delicado demais.

Quanto ao lingam, o corpo todo gosta de ser esfregado, mas é a ponta que possui mais terminais nervosos. Para melhor efeito, ele deve ser acariciado, arranhado, lambido e sugado.

JOGOS DE AMOR 69

ZONAS ERÓGENAS DA MULHER

As zonas erógenas da mulher são quase as mesmas do homem. E, como as do homem, as mais sensíveis são os mamilos e os genitais. No entanto, a maioria das outras zonas erógenas, como orelhas, pescoço, ombros, mãos e pés respondem mais intensamente que as do homem.

Cabeça e Rosto

Dado que endorfinas superiormente agradáveis são liberadas no cérebro da mulher quando o couro cabeludo é massageado, aconselho-o a aplicar xampu no cabelo de sua parceira quando ela estiver tomando banho ou oferecer-se para penteá-la. Assim, você não só estará trabalhando uma de suas zonas erógenas como fará com que ela se "derreta" por causa dessa atenção especial, aparentemente não-sexual.

Muitas mulheres gostam que o parceiro lhes beije e lamba as orelhas. Mordiscar e beliscar levemente os lóbulos ou o contorno das orelhas é igualmente agradável. Ela se arrepiará toda se você lhe sussurrar aos ouvidos.

Se o parceiro souber tocar-lhe os lábios com beijos, lambidas, sucções e mordidas leves, esse beijo a disporá para uma ação mais intensa. Use os lábios, a língua e os dentes para brincar com os lábios superior e inferior dela; em seguida, beije-a com paixão febril.

Pescoço

O simples ato de respirar junto à nuca de uma mulher pode ser extremamente excitante para ela, como também lamber e morder essa área. Mas não se esqueça de usar as mãos; levante-lhe delicadamente os cabelos ao aproximar a boca de seu pescoço. Em seguida, puxe-os com a mesma delicadeza, para mostrar a sua paixão e desejo.

Seios e Mamilos

Manuseá-lhe os seios, acariciá-los, comprimi-los suavemente um contra o outro e, é claro, beijá-los, lambê-los e chupá-los, tudo isso é altamente excitante para a mulher. Ela gostará também se você percorrer com o dedo o contorno de seus seios e mamilos. O vale entre os seios é também uma área sensível; por isso, dê-lhe atenção com a boca, a língua e os dedos. Tome cuidado quando estiver manuseando os seios de sua parceira, sobretudo antes e depois da menstruação, pois, embora acentuadamente excitáveis nessa fase, podem estar doloridos.

Os mamilos, é claro, também respondem ao toque. Aperte ou role cada um deles entre o polegar e o indicador, sugue-os, lamba-os em derredor, ou titile os bicos repetidamente com a ponta da língua. Não se esqueça de ser delicado porque, como os seios, os mamilos podem ser machucados facilmente.

Braços e Pulsos

Os braços e pulsos da mulher costumam ser eroticamente sensíveis ao toque, se este for leve e carinhoso. Friccione ligeiramente a parte interna dos antebraços e pulsos dela com as pontas dos dedos ou arranhe-os delicadamente.

Para incluir as axilas de sua parceira no jogo amoroso, abra-lhe os braços e deslize os dedos por elas. Passe as unhas, levemente, dos pulsos até as axilas, mal lhe tocando os seios de passagem. Ela gostará se você esfregar com o nariz, lamber e mordiscar os pulsos dela.

Barriga e Umbigo

Em geral, as mulheres gostam de sentir carícias e toques na barriga. Com as pontas dos dedos, esfregue o abdome de sua parceira para cima e para baixo. Em seguida, com um só dedo, faça círculos na barriga e ao redor do umbigo.

Depois, pouse-lhe as mãos no peito, logo abaixo das costelas, e suavemente, mas com firmeza, desça-as pela barriga até os genitais — mas pare antes de chegar lá. Em vez de estimular logo em seguida os genitais, coisa que ela sempre espera, surpreenda-a empregando os lábios e a língua para beijar-lhe o umbigo. Varie as sensações variando a velocidade e a pressão dos beijos e das lambidas.

Parte Interna das Coxas e Joelhos

O interior das coxas da mulher apresenta grande número de terminais nervosos, sendo, pois, altamente sensível à fricção, ao toque e à lambida. Use as mãos e a língua para massagear e acariciar com suavidade essa área.

A pele fina, macia e sensível atrás dos joelhos pode ser friccionada e arranhada levemente com as unhas. Uma vez que, aqui, os nervos estão muito próximos da epiderme, a área se mostra extremamente sensível. Sua parceira achará erótico e excitante você lamber ou arranhar com delicadeza a parte posterior dos joelhos dela.

Delicioso instrumento é a mulher quando tocado com arte. Quão capaz ela é de produzir as mais peregrinas harmonias, de executar as mais complicadas variações do amor e de propiciar o mais divino dos prazeres eróticos!

— *Ananga Ranga*

Costas e Bumbum

Massageie e acaricie os músculos das costas de sua parceira usando as pontas dos dedos e as unhas para, delicadamente, percorrer-lhe a espinha e friccionar-lhe a parte inferior das costas. Isso pode ser feito com ela deitada, de pé (de costas para você) ou sentada sobre o seu corpo durante a cópula (também de costas). Em se tratando de carícias suaves e úmidas, as costas da mulher são muito sensíveis; por isso, coloque-se atrás dela e use a boca para bafejar-lhe as espáduas.

Os numerosos terminais nervosos das nádegas, acentuadamente sensíveis, tornam essa uma área de escolha para massagear, espremer, acariciar, lamber, morder e até bater com moderação. Algumas mulheres gostam que o parceiro lamba, sugue e penetre as suas nádegas com os dedos, o pênis ou com ambos.

Pés e Tornozelos

Há mulheres que gostam de ter os pés e tornozelos tocados, massageados, mordiscados e mesmo lambidos e chupados. Algumas apreciam isso especialmente quando o amante se demora a acariciar-lhes as solas, os dedos e os calcanhares. Uma vez que essas áreas são sujeitas a cócegas, essa sensação pode ser bastante agradável.

Uma massagem nos pés constitui experiência extremamente relaxante e sensual para ela, sobretudo quando o parceiro sabe manipular a reflexologia dos pontos de pressão. Ele deve também sugar as solas e os dedos dos pés, sem esquecer de lubrificar os próprios dedos com óleo de massagem e insinuá-los entre os dela.

Yoni e Clitóris

A vulva de uma mulher, ou os grandes lábios externos, podem ser acariciados, friccionados com delicadeza, beijados e lambidos. O clitóris é o ponto mais sensível a enfocar, e você pode estimulá-lo usando a língua, os dedos ou ambos simultaneamente. Certas mulheres gostam de mostrar aos parceiros a intensidade específica de prazer que sentem.

O famoso ponto G pode ser esquivo e difícil de localizar, mas o esforço vale a pena. Detecte-o introduzindo um dedo na vagina da parceira a uma profundidade de cerca de 5 cm. Em seguida, pressione a ponta do dedo contra a parede fronteira: a mulher lhe dirá se você encontrou ou não o ponto G (ver também p. 52). Há outras áreas dentro da vagina que produzem fortes sensações sexuais quando estimuladas. Uma vez descobertas, uma suave estimulação dessas áreas propicia sensações agradáveis e verdadeiramente novas e, se você atingir o mítico ponto G, talvez até a ejaculação.

Embora em geral seja bastante óbvio se ela está ou não gostando disso, atente para o modo como a sua parceira se movimenta e aos padrões de sua respiração, ou simplesmente pergunte-lhe.

Fazer Amor com uma Mulher

Quando você possuir uma mulher, com ou sem cópula, faça bom uso das zonas erógenas dela para levá-la aos mais altos patamares de excitação sexual. Comece beijando-a com amor e paixão — muitas vezes, um beijo pode ser orgásmico. Use a língua para, aos poucos, atiçar-lhe os sentidos. Olhe-a nos olhos e, devagarinho, lamba-lhe os lábios. Segurelhe o rosto com as mãos e vá beijando-a da boca até o queixo. Depois, com delicadeza, levante-lhe a cabeça e comece, sensualmente, a beijar, lamber e sugar-lhe o pescoço.

A seguir, passe para aquelas partes que você costuma deixar de lado quando copula. Lamba-a entre os seios enquanto os junta e comprime, mas não os beije desde logo: espere até que ambos cheguem ao ápice do êxtase sensual.

Desça até o umbigo da parceira e lamba-o a toda volta. Depois, bem devagar, passe para os quadris, onde pode demorar-se algum tempo mordendo-os, esfregando-os e sugando-os.

Outra área bastante sensível do corpo da mulher é a parte interna das coxas. Lamba-as suavemente; depois, abra-lhe as pernas e passe a língua entre os grandes lábios e as coxas.

Em seguida, coloque as mãos sob as nádegas de sua parceira, com as palmas para cima, e peça que ela pouse os pés sobre os seus ombros com as pernas na posição da borboleta (águia de asas abertas). Use a ponta da língua para titilar-lhe o clitóris, passando logo a beijá-lo devagarinho, como a beijaria na boca.

A essa altura, se ambos permaneceram sensíveis, a extrema excitação da parceira terá transformado todo o corpo dela numa grande zona erógena.

TOQUE ÍNTIMO

O sentido do tato permeia todos os outros e tem o seu próprio espírito.

— CHARAKA SAMHITA

O toque é a única maneira de nos ligarmos fisicamente uns aos outros e nunca deixamos de precisar disso: o toque é essencial como o alimento e a água. O toque pode ser curativo, estimulante, excitante — e pode comunicar sentimentos e emoções num nível profundo e imediato. Um toque gentil transforma de pronto qualquer estado de ser — e para melhor. Cólera, ternura, amor, tensão, apoio, zelo, desejo — tudo surge ao menor contato físico. O toque afetuoso pode rejuvenescer, valorizar, diminuir o *stress* e fortalecer o sistema imunológico.

O toque sexual é a maneira mais íntima de tocar. Com ele, você explora a pele do parceiro, sentindo a maciez e a firmeza dos diferentes padrões e texturas do corpo. O toque ajuda também a criar confiança e torna-se uma viagem mútua de descoberta. Ter permissão para tocar alguém íntima e sexualmente é um presente e um privilégio especiais.

Recorra à Massagem

A massagem (inclusive a erótica — ver p. 78) é não apenas uma maneira simples de relaxar o corpo como, também, um dos métodos mais diretos de estabelecer comunicação profunda com o parceiro. Ela pode exprimir amor e compaixão, revelando a nossa sensibilidade e lucidez. Usando-a, você descobrirá o prazer de dar sem solicitações nem expectativas. Honrando o seu parceiro com o toque, vocês dois adquirirão equilíbrio de mente, corpo e espírito.

Assim como no ato amoroso, toda massagem tem de ser recíproca — não necessariamente ao mesmo tempo — em termos de dar e receber por turnos. A massagem terapêutica e relaxante é um instrumento extremamente valioso e agradável a partilhar entre os parceiros e pode tornar-se parte integrante do relacionamento. Como elemento dos jogos amorosos, ajuda a livrar o corpo das tensões acumuladas, sintoniza os amantes e leva-os a um estado de descontração que é essencial para o ato amoroso.

O segredo da eficácia da massagem reside na intenção que a guia. Ela exige concentração e segurança por parte da pessoa que a aplica e confiança e entrega por parte da pessoa que a recebe.

O toque afetuoso e o toque sexual são diferentes, e é importante saber qual você está dando ou solicitando. Há o "toque que se dá" e o "toque que se recebe". Esclareça qual está dando e qual o parceiro deseja. A intenção deve ficar clara antes de você começar, para que a massagem remova bloqueios de energia ou obstáculos no parceiro, além de revigorar e carregar o corpo dele de energia positiva.

Transforme a massagem num ritual durante a lua nova ou cheia, no equinócio e no solstício. Ofereça a massagem como um presente para a criatura amada por ocasião de aniversários. Determine um dia ou uma noite, ou aja com espontaneidade.

Comunicação

Verbal ou não-verbal, a comunicação entre quem dá e quem recebe é importante e necessária, especialmente no começo. Entretanto, também é vital não criticar o que o parceiro está fazendo. Descubra uma maneira amável e encorajadora de pedir ou de sugerir o que lhe agrada.

É igualmente importante, para a pessoa que recebe a massagem, estar à vontade para fazer pedidos e comentários. O parceiro deve sentir-se sempre livre para apontar qualquer coisa que atrapalhe a sua descontração e prazer. Isso garante que quem recebe está tendo o tipo de carícia e estimulação de que gosta. Em troca, motiva quem dá e assegura-lhe que não está dando algo indesejável. Muitas dificuldades sexuais brotam do enfado de um dos parceiros quando está cansado do prazer ou acha que o prazer não está sendo usufruído. Convencer o seu parceiro, verbalmente ou não, de que você está gostando de dar prazer é um poderoso afrodisíaco.

Para aquele que recebe, quanto mais se rende, mais benéfica e íntima se torna a experiência. Elogios e contatos visuais encorajam o parceiro. Quaisquer pedidos que você faça, para ir ao banheiro, para que o toque seja mais forte ou fraco, para fazer uma pausa ou para intensificar a excitação são sinais de que os níveis de comunicação e confiança estão altos. São também indícios de que você está atento aos próprios sentimentos, o que constitui o segredo para sentir mais prazer.

Além de esclarecer o que aprecia e quer receber, e como, procure usar também a respiração, os sons e as palavras. Emita gemidos de prazer para o seu parceiro saber que você está gostando do toque.

Os sons também intensificam o prazer e ajudam a pessoa a estar presente nas sensações. Eles impedem que a mente divague e se distraia com pensamentos, pondo a perder a experiência do momento.

Libere as Emoções

Algumas pessoas supõem que o sexo e o prazer podem suscitar problemas emocionais de difícil solução. Nosso corpo guarda lembranças, penosas ou agradáveis. As penosas em geral criam bloqueios que podem estancar o fluxo de energia e inibir o orgasmo.

Se o seu parceiro começar a chorar ou parecer infeliz quando você o tocar, o melhor que você tem a fazer é apenas permanecer ao seu lado. Abrace-o e faça-o sentir que está seguro, que não há nada de errado em chorar, que isso é preferível a discutir o que acontece ou tentar resolver tudo racionalmente. Também é boa idéia perguntar-lhe quais são as suas necessidades, em vez de tentar adivinhá-las.

Respiração Consciente

A respiração regular e consciente ajuda em muito a descontração e a massagem erótica. Se o parceiro que recebe se esquece de respirar com regularidade, o que dá deve lembrá-lo respirando, ele próprio, rítmica e audivelmente. Alguns amantes sabem que sincronizar a respiração de ambos provoca sensações íntimas e maravilhosas.

A expiração profunda é tão importante quanto a inspiração. Quanto mais forte a expiração, mais o amante consegue entregar-se durante o ato amoroso, dando e recebendo afeto com

76 JOGOS DE AMOR

intensidade de sentimentos. Quando você combina massagem com respiração controlada, a felicidade desce pouco a pouco sobre vocês dois.

Lubrificação
Certifique-se de que o óleo de massagem esteja tépido antes de usá-lo. Você poderá aquecê-lo colocando o frasco em banho-maria ou sob o chuveiro, durante alguns minutos. Para uma massagem sensual, experimente amido de milho em vez de óleo para proporcionar um toque de pluma. O amido de milho dá a sensação de gotas de chuva fria quando é esparzido e torna a pele incrivelmente sedosa.

Para a massagem no homem, use um óleo leve, não-gorduroso, como o de açafrão ou de coco puro. Para a mulher, use um lubrificante à base de água quando a massagem for nos genitais, a fim de evitar infecções na vagina. Certifique-se de que o lubrificante à base de água escolhido *não* contenha Nonoxynol-9, que pode provocar irritação.

Casulo
Ao terminar a massagem, é ótimo cobrir o parceiro com um lençol ou cobertor e permitir que ele descanse nesse "casulo" com uma sensação de quietude, serenidade, tepidez e segurança.

Relaxe e sinta o outro tão plenamente que se identifique com a sua forma, com o seu medo, com o amor profundo do seu coração. Como os outros, abra-se e respire. Como a forma do momento na sua totalidade, abra-se e respire. Se o fechamento persistir, sinta, respire e abra-se de novo, infindavelmente.

— David Deida

JOGOS DE AMOR 77

MASSAGEM ERÓTICA

 Não importa o que você sinta à superfície, lá no fundo, você anseia por dar e receber amor ilimitado.

— David Deida

A massagem erótica desperta o erotismo e a excitação sexual graças ao uso combinado de fricção e estimulação das zonas erógenas. Durante o processo de aplicar uma massagem erótica, você, o seu parceiro ou ambos poderão excitar-se, adormecer ou romper em gargalhadas, risinhos ou lágrimas. Ou poderão fazer ou não fazer amor antes, durante e depois, ou chegar ou não ao orgasmo e à ejaculação.

A massagem erótica é, sem dúvida, um maravilhoso prelúdio à cópula. No entanto, convém pôr de parte a idéia de que, quando começarem a tocar-se, deverão passar obrigatoriamente ao ato sexual. Se praticarem o ato, deixarão escapar muitos outros prazeres.

O importante é permitirem que cada sentimento e cada momento se desdobrem plenamente segundo a sua própria velocidade, enquanto permanecem, inteiros, na sensação do agora. Permaneçam, inteiros, no momento, mergulhados nas sensações maravilhosas provocadas por aquilo que estão dando e recebendo.

Dicas para o Sucesso

- Tente permanecer em contato constante com o corpo do parceiro enquanto lhe aplica a massagem. Mantenha um fluxo contínuo, mesclando suavemente os seus movimentos aos dele.
- Varie a pressão, o tempo e o ritmo; pergunte ao parceiro se ele deseja mais força ou mais suavidade, mais profundidade ou mais leveza.
- Respire longa, lenta e profundamente, lembrando o parceiro de fazer o mesmo.
- A técnica não substitui a alma. Ponha o coração no que está fazendo.

Vocês Precisarão de...

- Um parceiro disposto a ser massageado.
- Mãos limpas, unhas aparadas, corpos limpos. Tomem um banho juntos.
- Um ambiente bonito, asseado e tépido, sem correntes de ar ou, se externo, de insetos ou luz solar muito intensa.
- Um óleo de massagem natural (desmineralizado) ou um lubrificante à base de água.
- Toalhas, lençóis e cobertores para o parceiro se deitar por cima e ser coberto.
- Almofadas e travesseiros macios para conforto e apoio.
- Música suave, incenso, flores e luz amena ou velas.
- Um vibrador, plumas e um lenço de seda para servir de venda.

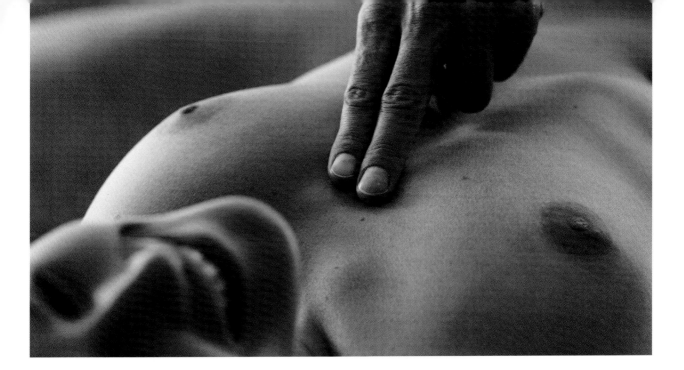

- Objetos que estimulem os sentidos (sininhos, chocalhos e óleos de essências).

Faça da Massagem um Ritual

Para tornar a sua massagem erótica realmente especial, transforme-a num ritual de energização. No início da celebração, toque a cabeça, a fronte, os olhos, a garganta, os lóbulos da orelha, o peito, os braços, o coração, o umbigo, as coxas, os genitais e os pés do parceiro com os dois primeiros dedos da mão esquerda. O toque carregará essas áreas com a energia vital da transformação.

Esfregue as mãos para aquecê-las e, em seguida, pouse-as sobre a cabeça ou os pés do parceiro. Harmonize a sua respiração com a dele e controle-a para concentrar-se melhor. Inspire profundamente, retenha o ar por alguns instantes, sem imprimir tensão ao corpo, e depois libere-o completamente. O segredo da massagem criativa é canalizar a energia de todo o corpo para as mãos e daí para o corpo do parceiro. Retire-a conscientemente do seu corpo e visualize-a sendo emitida da ponta dos dedos. Saiba que o toque tem enorme potencial tanto para a cura quanto para a vitalização.

Massagem Criativa com a Boca

Com a língua, explore, lamba e acaricie cada parte do corpo do parceiro — a pele entre os dedos, os cotovelos, as axilas, a parte traseira dos joelhos e as solas

Comece o ritual da massagem usando os dois primeiros dedos da mão esquerda para energizar o corpo do parceiro.

limpas dos pés. Sugue os dedos das mãos e dos pés.

Use, além dos lábios e da língua, os dedos para explorar a boca do parceiro. Olhe-o bem nos olhos ou mantenha os seus junto aos dele para enfatizar, aguçar e afiar a sensação do toque. Explore o corpo todo antes de chegar aos genitais.

Experimente com diferentes graus de temperatura da boca para beijar, lamber e sugar. Alterne cubos de gelo e líquidos quentes na boca para provocar sensações excitantes e surpreendentes. Outra técnica eficaz é colocar uma única gota de óleo de menta na língua. Em seguida, lamba o lingam ou a yoni para despertar uma excitante sensação de formigamento.

Massagem no Corpo Todo

Desenvolvida nos haréns do Oriente, a massagem no corpo todo, ou "oriental", consiste em massagear com o próprio corpo o corpo inteiro do parceiro. Implica que o corpo daquele que recebe seja friccionado em todas as partes pelo corpo daquele que dá. Ambos devem estar lubrificados com óleo ou espuma. O massageador deita-se por cima e usa diferentes áreas do corpo para massagear, estimular e revigorar o corpo do massageado. Cotovelos, joelhos, coxas, seios, queixo, fronte, pés e outras partes do corpo também são empregados.

Esse tipo de massagem é extremamente sensual para ambos os parceiros e constitui um maravilhoso prelúdio ao ato amoroso, quando não é oferecido simplesmente como um gesto afetuoso em si.

Massagem Genital

Nossos genitais são poderosos geradores de energia. Quando o lingam e a yoni são estimulados, a energia se espalha pelo resto do corpo. Não confie apenas na técnica: seja intuitivo e espontâneo; mostre-se confiante ainda que esteja inseguro! Lembre-se de estimular o lingam ou a yoni inteiros, para produzir efeitos terapêuticos no corpo todo.

Seguem-se algumas das mais eficazes e conhecidas carícias para a massagem do lingam e da yoni. Experimente algumas ou todas, usando pelo menos duas ou três carícias diferentes durante a massagem.

Massagem do Lingam

Quando você massagear o lingam do seu amante, ele não precisará de uma ereção para sentir prazer. Aliás, algumas carícias são mais agradáveis quando o lingam está mole.

O princípio básico da massagem do lingam é retardar, interromper ou mudar aquilo que se está fazendo antes que a ejaculação se torne inevitável. E a melhor maneira de consegui-lo é o homem avisar quando está chegando a esse ponto.

Embora a ejaculação adiada seja desejável para maximizar o prazer, muitos amantes gostam de ejacular ao fim da massagem porque isso provoca uma descarga considerável de prazer. Pode,

80 JOGOS DE AMOR

entretanto, deixar o homem cansado demais para gozar o resto da experiência ou sem energia bastante para massagear a mulher. Parceiros de sexos opostos que gostam de encerrar a massagem genital do homem com uma ejaculação devem decidir que a massagem da mulher venha em primeiro lugar.

Há inúmeras carícias que provocam prazer nos genitais masculinos. A menos que ele indique o contrário, pode-se presumir com segurança que movimentos firmes e consistentes lhe agradam mais. Com o parceiro deitado nu, de costas, e você posicionada confortavelmente ao seu lado, comece pousando a mão esquerda na cabeça dele, a palma na fronte e os dedos no alto. Coloque a mão direita na área pélvica, com a palma cobrindo o escroto.

REFLEXOLOGIA GENITAL

Se você está familiarizado com a reflexologia dos pés, sabe que as solas contêm terminais de nervos e meridianos, e que os diversos pontos dos pés correspondem a várias partes do corpo. Sabe também que, massageando esses pontos, pode canalizar energia e cura para os órgãos correlatos.

Os taoístas descobriram que cada parte dos genitais, do homem e da mulher, corresponde a uma parte específica do corpo, sendo os pontos reflexológicos mais fortes nos órgãos sexuais que nos pés ou nas mãos.

Mediante ação manual, sexo oral e cópula, você pode estimular um órgão que precisa ser fortalecido ou curado. Pode também estimular e revitalizar o corpo inteiro, com possibilidade de ter um orgasmo ainda mais intenso com o corpo todo.

Durante a cópula, com o lingam inteiro dentro da yoni, os pontos reflexológicos do lingam se unem aos pontos reflexológicos da yoni. Assim, coração se alinha com coração, pulmões com pulmões, etc. Essa estimulação mútua é, sem dúvida, a forma mais agradável de reflexologia! É assim que dois corpos se tornam um.

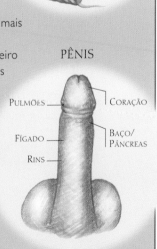

JOGOS DE AMOR *81*

Carícia Untada

Com os dedos da mão esquerda unidos, aplique um pouco de óleo sobre o dorso. Rapidamente, coloque a mão direita, com os dedos ligeiramente afastados, no escroto e no lado inferior do lingam. Abra os dedos da mão esquerda de modo que o óleo escorra entre eles. Alterne as mãos, espalhando o óleo com um movimento de esfregação.

Começando pelo períneo, deslize as mãos para cima, sobre o escroto e ao longo da parte inferior sensível do lingam. Faça carícias longas e suaves, pressionando mais o períneo que o escroto e o lingam.

Carícia do Suco

Segure o lingam pela base com uma das mãos. Se o seu parceiro tiver prepúcio grande, arregace-o delicadamente para expor a cabeça. Coloque a outra mão à volta do pescoço do lingam (logo abaixo da cabeça) e use as pontas dos dedos como se estivesse espremendo meia-laranja num copo de suco, enquanto desliza a outra mão para cima e para baixo. Varie a pressão e a velocidade, perguntando ao parceiro o que ele prefere.

Carícia no Freio

A parte inferior da cabeça do lingam, chamada freio, é uma das mais sensíveis dos genitais masculinos. Esfregue os dedos, um por vez, ao longo dessa área.

Carícia do Relógio

Delicadamente, arregace o prepúcio até embaixo e segure o lingam pela base. Com o indicador e o polegar da outra mão, forme um círculo logo abaixo da cabeça e gire-os no sentido horário, até onde o seu pulso o permitir. Repita várias vezes.

Carícia Descendente

Usando bastante óleo e alternando as mãos, movimente o prepúcio dez vezes para baixo e dez vezes para cima. Empregue ritmos diferentes e pergunte ao parceiro se a pressão lhe agrada. Em seguida, movimente o prepúcio nove vezes para baixo e nove vezes para cima, diminuindo as vezes proporcionalmente.

Carícia do Escroto
Com os dedos polegar, indicador e médio, rodeie o escroto (sem apertar os testículos). Em seguida, mova o escroto para cima e para baixo, enquanto a outra mão executa o mesmo movimento no corpo do lingam. Varie o grau de pressão contra a base do lingam.

Carícia que Cura
Com uma das mãos, acaricie o lingam desde a cabeça até a base. Ao chegar à base, largue-o. Leve a outra mão à cabeça do lingam e repita o movimento, criando uma fricção constante.

Carícia-Surpresa
Tome o lingam numa das mãos e delicadamente, sensualmente, acaricie-o por uns dez segundos; depois, com rapidez, movimente o prepúcio para baixo e para cima. Repita essa carícia sensual por cerca de dez segundos, alternando movimentos lentos com dois puxões rápidos. Repita com três puxões rápidos e assim por diante.

Carícia Ampla
Com o lingam encostado à barriga do parceiro, apanhe o escroto com uma das mãos. Passe a proeminência da palma da outra mão para cima e para baixo na parte inferior do lingam, chegando até a ponta.

Carícia com Giro e Cócegas
Com o parceiro deitado de costas e de pernas abertas, ajoelhe-se entre elas. Apanhe o escroto entre o polegar e os dedos e gire os testículos suavemente, lentamente, levemente com as pontas dos dedos. Depois de alguns minutos, coloque as mãos sob os testículos e, com ligeira pressão para provocar uma sensação nova, faça-lhes cócegas com as pontas dos dedos.

Carícia em Espiral
Eis uma boa técnica caso o seu parceiro seja delicado e tenha dificuldade para chegar à ereção. Segure a base do lingam do seu parceiro com uma mão e, com a outra, agarre firmemente o corpo. A começar pela base, deslize a mão até a ponta numa carícia em espiral, semelhante ao movimento de um saca-rolhas. Ao chegar à glande, acaricie-lhe toda a superfície com a palma da mão.

Carícia de Fogo
Imagine que tem um bastão nas mãos e que tenta fazer fogo rolando-o entre as palmas. Com os dedos esticados e as mãos bem-lubrificadas, coloque as palmas de cada lado do lingam. Num movimento de giro e fricção, parta da base e vá subindo e descendo, mantendo constantes o ritmo e o movimento. Comece devagar e, aos poucos, aumente a pressão e a velocidade.

Massagem da Yoni

Ofereça à sua parceira uma massagem da yoni como um presente sensual, sem a injunção de fazer amor depois. O enfoque desse tipo de massagem não é proporcionar-lhe um orgasmo e, sim, levá-la a sentir-se livre para ter quantos orgasmos quiser. Como a mulher às vezes consegue apreciar a estimulação entre um orgasmo e outro, ela não precisa controlar-se. Orgasmos em série podem manter elevados, e por longo tempo, os níveis de excitação.

Entretanto, antes de começar a massagem da yoni de sua parceira, atente para o resto do seu corpo. Peça-lhe para deitar-se de bruços e massageie-lhe as costas com fricções, estiramentos, vibrações, beliscões, movimentos em círculo e pressões. Esfregue-lhe a pele com as pontas dos dedos, massageie-lhe o couro cabeludo, aperte-lhe os dedos das mãos e dos pés. Em seguida, repita a massagem na parte da frente.

Modos de Estimulá-la

As mulheres divergem muito no tipo de estimulação sexual que apreciam e no modo como gostam de recebê-la. A excitação feminina em geral é mais lenta, mas pode durar mais e ser mais intensa que a comumente experimentada pelos homens. Não se esqueça de que a estimulação clitoriana e a penetração vaginal são muito mais sensuais quando a mulher está bastante excitada e bem-lubrificada.

- Comece com carícias suaves. Em seguida, pergunte-lhe quais ela prefere e peça-lhe que guie a sua mão imprimindo-lhe o grau de pressão que mais a satisfaz.
- Uma preferência comum é começar a massagem esfregando gentilmente a yoni toda e passar em seguida à estimulação do clitóris. Termine apalpando o ponto G, ou o ponto G e o clitóris ao mesmo tempo.
- Mantenha um ritmo regular em vez de parar, recomeçar e modificar a carícia inúmeras vezes.
- Para aumentar o prazer da mulher, deslize a outra mão por todo o seu corpo, alisando-lhe os seios, espicaçando-lhe os mamilos, pressionando-lhe o períneo e acariciando-lhe a face.
- Adapte algumas dessas carícias, ou todas, aos pontos que ela preferir.
- Não economize lubrificação — lubrificação demais é melhor que a insuficiente.
- Para a maior parte das carícias, ela deverá ficar de costas, nua, com as pernas pousadas na cama ou ligeiramente dobradas. Deixe que ela as abra espontaneamente. Ajoelhe-se confortavelmente entre as coxas da parceira ou ao seu lado.
- Comece pousando a mão esquerda na cabeça dela, com a palma na fronte e os dedos no alto do crânio. Coloque a mão direita na área pélvica, com a palma cobrindo a yoni.

84 JOGOS DE AMOR

Carícia para Despertar

Puxe-lhe delicadamente os pêlos pubianos para estimular essa área. Em seguida, abra-lhe os lábios vaginais e sopre suavemente em sua yoni.

Carícia Untada

Coloque lubrificante tépido sobre o dorso da mão esquerda, mantendo os dedos unidos. Rapidamente, insinue a mão direita sob a sua yoni, com a palma para cima, abrindo os dedos da esquerda para que o líquido escorra entre eles. Alternando as mãos, espalhe o lubrificante em carícias longas e demoradas, partindo da parte inferior da yoni, subindo até o clitóris e o osso pubiano, e invertendo o movimento.

Como Ela Gosta

Pergunte-lhe como ela gosta que o seu clitóris seja massageado e obedeça-lhe a sugestão. Não se esqueça de massagear outras áreas do corpo, sempre que possível, espalhando-lhe a energia para baixo, pelas coxas e pernas, e para cima, até o coração, o rosto, o couro cabeludo e o topo da cabeça.

Carícia Clitoriana

Para essa carícia, será bom que você se sente atrás dela com as costas escoradas ou apoiadas na parede. A mulher se senta entre as suas pernas com as costas coladas ao seu peito. Nessa posição, você poderá abraçá-la, alisar-lhe os seios e beijar-lhe a nuca enquanto lhe acariciar a

Acariciar o clitóris da parceira fica mais fácil quando ela se senta entre as suas pernas com as costas coladas ao seu peito.

yoni. Concentre-se no clitóris e na área ao redor, que se localiza justamente no ponto onde os pequenos lábios se unem no alto da vulva.

Ao Balanço das Horas Clitorianas

Gire um dedo lubrificado à volta do clitóris de sua parceira, suave e ritmicamente. Isso, com certeza, a fará sentir-se bem. Com um ou dois dedos, faça círculos miúdos ao redor do clitóris, em ambas as direções, e parando em cada uma das doze "horas".

Carícia dos Lábios Vaginais

Esfregue-lhe os pêlos pubianos e a área genital em movimentos suaves e delicados. Use as pontas dos dedos para acariciar os grandes lábios e "bater-lhes" com brandura, num ritmo regular e consistente.

Sentado entre as coxas abertas dela, massageie os lábios da yoni com os dedos lubrificados e, com delicadeza, puxe-os ou arregace-os. Apanhe-os entre o polegar e o indicador e, em seguida, esfregue-os suavemente um contra o outro.

Use os nós dos dedos indicador e médio, ou o polegar e o indicador, a fim de movimentar-lhe os grandes lábios para a frente e para trás. Massageie a partir de cima, onde o clitóris se junta aos lábios, e gire estes entre os nós dos dedos com pressão firme e branda, na direção do ânus. Depois, com o polegar num dos lados e o indicador no outro, aperte e faça deslizar a borda do lábio. Alterne as mãos e continue essa série de carícias em toda a extensão de cada lábio.

Atravesse as Portas do Templo

Algumas mulheres acham que o orgasmo clitoriano se intensifica quando a sua yoni é penetrada por dedos ou pênis artificial de tamanho apropriado — embora qualquer penetração só agrade quando a mulher está convenientemente excitada.

Peça-lhe permissão antes de atravessar as portas do templo de sua yoni. Use grande quantidade de lubrificante e, com um dedo, friccione-lhe ligeiramente a entrada da vagina. Deixe-a faminta.

Para atravessar as portas do templo, mantenha uma das mãos sobre o peito ou abdome da parceira e enfie-lhe na yoni um dedo da outra mão, lentamente. Pare, sem fazer movimento. Apenas fique ali. Depois, aos poucos, mexa o dedo para dentro e para fora. Junte outro dedo, se necessário.

As Quatro Direções

Com dois dedos, pressione firmemente para cima, depois para baixo, depois para um lado, e finalmente para o outro. Repita esse esquema oito vezes no sentido dos ponteiros do relógio e oito vezes ao contrário.

Volteie
Com um ou mais dedos, massageie para dentro e para fora da vagina, volteando o pulso.

Carícia no Ponto G
Quando você acaricia o ponto G de sua amada, a pressão nessa área pode ser bastante excitante para ela; mas um movimento leve e suave costuma ser mais agradável que uma pressão forte e contínua. Em geral, lembre-se de que as pontas dos dedos é que devem tocar o ponto durante a massagem e de que a estimulação dele só é bem-recebida quando a mulher está excitada.
Um modo fácil de estimular o ponto G é com os dedos indicador e médio lubrificados e unidos. Comece com o indicador. Faça movimentos rítmicos de "venha cá" no interior da yoni. Alternativamente, esfregue o ponto G em círculos. Outra maneira é girar os dedos dentro da vagina, com pressão igual em todas as áreas.

Carícia de Dupla Ação
Ao estimular o ponto G de sua parceira, faça pressão e movimentos circulares em ambas as direções. Simultaneamente, use o polegar para traçar pequenos círculos à volta do clitóris ou mova os dedos para a frente e para trás, sobre ele. Em seguida, alterne entre a estimulação do ponto G e a do clitóris, dez segundos para cada. Peça à sua parceira para, enquanto isso, contrair e distender o músculo pubococcígeo — a sensação será fantástica!

Arremetidas que Curam
Uma vez suficientemente excitada, a sua parceira poderá desejar uma penetração forte, profunda e vigorosa de dois ou mais dedos. Peça-lhe que fique relaxada, abandonada, e que emita sons audíveis ao expirar.

Carícia com Vibrador
Os vibradores, em geral, são mais eficientes quando usados por fora ou perto do clitóris. Se a vibração for intensa demais, coloque-o numa velocidade mais baixa ou interponha um pedaço de seda ou pano macio entre ele e o clitóris. Para começar, a parceira deverá guiar a sua mão ou o vibrador para mostrar-lhe a pressão que prefere. Para um prazer ainda maior, aplique o vibrador ao clitóris enquanto lhe penetra a yoni com os dedos.

A Saída do Templo
Ao final da massagem, permaneça presente no momento. Com a mão na yoni da parceira, vá desacelerando os movimentos até parar. Apenas fique ali. Retire os dedos o mais lentamente que puder. Envolva a amada numa toalha ou lençol quente e deixe-a saborear o descanso por tanto tempo quanto ela o desejar.

O BEIJO

> *Quando uma mulher está apaixonadamente excitada, deve cobrir os olhos do amante com as mãos, fechar os seus e introduzir-lhe a língua na boca. Deve movê-la para cima e para baixo, para dentro e para fora, num gesto agradável que antecipa formas ainda mais íntimas de prazer.*
>
> — ANANGA RANGA

Quando os amantes se beijam, o objetivo é aproximar-se ainda mais um do outro, incrementar o amor e a confiança mútua, despertar a sensualidade e o prazer. Os lábios são áreas muito sensíveis e desempenham importante papel no ato amoroso. O beijo é o umbral da bem-aventurança e da experiência da paixão. Provoca o desejo erótico e acelera o coração; contudo, em muitos relacionamentos de longo prazo, quase sempre ele é a primeira coisa a ser negligenciada ou esquecida.

Beijar é uma arte — e arte a ser cultivada. O rosto é o centro dos sentidos: visão, audição, paladar, tato e olfato. A boca e os lábios são extremamente sensíveis; portanto, ao beijar, você fica o mais perto possível da outra pessoa e inserido inteiramente no espaço dela.

Na língua e nos lábios, temos órgãos eróticos com as características tanto do lingam quanto da yoni, mas sem as suas limitações. Os lábios e a língua são controlados por músculos voluntários, ou seja, podemos beijar tantas vezes e por tanto tempo quanto quisermos, mesmo estando fisicamente exaustos.

Há muitos tipos de beijo — e um beijo profundo, erótico, inspirado é bem diferente do beijinho formal, de lábios cerrados e boca fechada! O beijo pode ser mais íntimo que a cópula: na Índia e na China, ele é considerado o supra-sumo do erotismo e, como tal, praticado na mais absoluta privacidade.

Beijar exige muito menos energia do que fazer amor, e pode acontecer sempre que os parceiros quiserem. É também um prelúdio extremamente erótico à cópula, continuando a excitar e a dar prazer durante e depois do sexo. Quer você passe ou não do beijo ao ato amoroso, ele é uma troca maravilhosa de intimidade, afeto e confiança.

MANEIRAS DE BEIJAR

Ao beijar, mantenha a boca e a mandíbula relaxadas. Use a língua para explorar os lábios, a boca, os dentes e a língua do parceiro. Quando beijar, transforme-se no beijo; e, para cada beijo que receber, dê outro em troca.

O tantra ensina que o lábio superior da mulher está ligado ao clitóris por um canal nervoso sutil. Similarmente, o lábio inferior do homem está ligado ao lingam. Portanto, quando o homem estimula o lábio superior da mulher, mordiscando-o e sugando-o enquanto ela usa delicadamente os dentes e a língua para brincar com o lábio inferior dele, ambos criam uma onda de prazer muito excitante para um e outro.

Esteja cônscio disso da próxima vez que beijar. E esteja cônscio também do cheiro de seu parceiro, fácil de perceber durante o beijo. Todo homem e mulher tem seu próprio cheiro, e existe uma conexão entre odor corporal e excitação sexual. À medida que nos excitamos, o odor do nosso corpo se modifica e, no momento do orgasmo, homem e mulher exalam um aroma particular.

Esses aromas atiçam os parceiros e aguçam a sua capacidade erótica. E, embora as variações sejam sutis, se você aprender a ser sensível às menores alterações de odor, elas lhe darão um indício seguro do grau de excitação do seu parceiro.

JOGOS DE AMOR

Entre os lábios e a parte inferior das gengivas, há uma área altamente sensível que, de certa maneira, lembra a que vai dos lábios da vagina ao interior da yoni.
Ao contato da língua, brota uma poderosa corrente de excitação nos lábios e na garganta, aumentando o desejo sexual.

— KAMA SUTRA

Os sons, ainda que baixos, emitidos pelo seu parceiro quando beija são bastante significativos: dão-lhe a medida da excitação dele.

Beijos apaixonados e sensuais não devem restringir-se à boca do parceiro. Use os lábios e a língua para explorar todas as partes do corpo dele — as pálpebras, as orelhas e o pescoço são particularmente sensíveis. Passe as mãos pelo corpo da criatura amada e acaricie-lhe as faces ao beijá-la. Isso intensificará a sensualidade da experiência. Tocar os lábios do parceiro com as pontas dos dedos ou sugar-lhe os dedos também pode ser profundamente erótico.

Veja em tudo o que faz com o seu parceiro algo que está recebendo. Assim, ao beijar, tente vivenciar a experiência como aquilo que recebe e como recebe — a sensação dos lábios dele, de sua boca, lábios e língua; a suavidade, a textura: em suma, beba a própria essência do seu parceiro.

BEIJINHO DOCE

Uma perfeita higiene oral é necessária para o gozo da sexualidade e da intimidade profunda do beijo sensual. Dentes limpos e hálito fresco tornam a experiência infinitamente mais harmoniosa e envolvente.

Enfatizar o valor da higiene pessoal escrupulosa nunca é demais. Quando você está com a criatura amada, gosta de saber que não existem no corpo dela partes "proibidas" ao prazer e ao amor. A constatação de que não poderá explorar-lhe o corpo inteiro por razões de higiene inibe o ato amoroso antes mesmo de começar. O ideal é poder usar a boca, os lábios e a língua para beijar, lamber, pressionar, acariciar, friccionar e sugar o corpo do parceiro sem a menor preocupação.

O *KAMA SUTRA* SUGERE DIFERENTES MANEIRAS DE BEIJAR

NOMINAL
O homem segura a cabeça da mulher com ambas as mãos e pressiona a boca contra a dela, mas sem violência.

VIBRANTE
O homem tenta inserir o lábio na boca da mulher, mas sem procurar abocanhá-la. No entanto, como os lábios dela tremem, a mulher não permite que o homem se apose do seu lábio inferior.

COM FRICÇÃO
Abraçando o amante sem apertar, a mulher fecha os olhos e cobre-lhe os olhos com as mãos. Em seguida, fricciona os lábios dele com a língua.

O DESPERTAR
Quando um dos parceiros chega em casa tarde da noite e beija os lábios da criatura amada adormecida, a sua intenção é clara. Esse tipo de beijo chama-se "o beijo do despertar".

O BEIJO QUE INFLAMA
Para atiçar o desejo, ao contemplar a boca da criatura amada adormecida, o homem ou a mulher abraça-a e desperta-a com um beijo, para que prontamente ela capte as suas intenções.

O ENCORAJAMENTO
Quando um parceiro parece distraído com música ou leitura, ou está de mau humor, ou indiferente, ou mostra interesse por outras pessoas, ou fica ofendido depois de uma querela, para chamar a sua atenção o outro deve procurar fazer as pazes e anular-lhe a indiferença dando-lhe o beijo chamado de encorajamento.

BEIJOS ESPECIAIS
Os beijos especiais são aqueles que se aplicam a diferentes partes do corpo e são:

DEVORADOR
A fronte, o queixo, as axilas e a parte logo abaixo dos seios são tocados e beijados levemente.

IGUAL
Ambos os parceiros ficam sentados ou deitados lado a lado. Beijam-se ou mordiscam-se nas coxas, no peito, nas axilas e no púbis, sem muita força nem muita delicadeza.

PRESSIONADO
Seios, faces, nádegas e umbigo são tocados, pressionados e massageados.

DELICADO
Olhos, pescoço, seios, nádegas e costas são levemente tocados.

JOGOS DE AMOR

AMOR ORAL

Geralmente, a arte erótica que ambos os parceiros mais apreciam — o amor oral — exige um grau mais elevado de habilidade do que quaisquer outros aspectos do ato amoroso. No entanto, é uma arte que vale a pena dominar. A língua é mais macia, úmida, ágil e tépida que as mãos, e os genitais respondem prontamente ao calor. O amor oral exige mais técnica, mais sensibilidade e mais prática que a cópula. A boa notícia é que você não precisa de nenhum talento especial para progredir, além de boa vontade e desejo de abertura.

Como no beijo de boca, mantenha as faces, as mandíbulas e a boca relaxadas, certificando-se de que esta não esteja seca. Gire a língua no interior da boca e pressione-a contra o palato mole, pois isso aumenta o fluxo de saliva.

A comunicação verbal é importante; digam um ao outro o que lhes dá prazer em termos de ritmo e de pressão. Estejam alerta também para sinais não-verbais (por exemplo, quando o parceiro muda de posição para incrementar a estimulação em determinada área).

Não se esqueça do asseio. A boa higiene é imprescindível caso você queira que o amor oral seja agradável a ambos. Lavar-se mutuamente antes de começar lhes dará confiança para explorar um ao outro sem barreiras.

BEIJO NA YONI

Nas culturas orientais e nos rituais tântricos, a yoni é tida como a parte mais sagrada do corpo da mulher, merecedora de culto e reverência. A yoni representa a fonte da vida e é o símbolo físico do mistério feminino. É o altar onde o homem sacrifica.

Quando o amante experimenta o altar da mulher amada como meditação, quando o toca, degusta, cheira e penetra, algo de mágico acontece. Quando o homem adora nas Portas da Vida — com plena consciência e lucidez, com profunda reverência e respeito, com um amor que transcende pensamentos e sentimentos —, ele e ela, como entidades separadas, se desvanecem e a união mística ocorre. O prazer da mulher é receber esse amor; o prazer do homem é dá-lo.

Para muitos homens, o receio do odor e do gosto da mulher constitui a principal barreira ao beijo da yoni. Cada mulher tem o seu cheiro, que muda de acordo com o ciclo mensal. Ele também pode ser afetado por aquilo que a mulher come e bebe. Se a sua parceira for limpa e gozar de boa saúde, terá gosto e odor agradáveis. Sugerir um banho a dois antes do ato amoroso é uma abordagem tática que corresponde a um convite muitíssimo erótico.

Maneiras de Beijar

O beijo da yoni pode ser aplicado em várias posições. Algumas mulheres gostam de deitar-se de costas, outras de sentar-se à beira da cama, com o parceiro ajoelhado entre as suas pernas, e outras, ainda, de ficar de pé. Uma posição favorita é o homem deitado de costas e a mulher ajoelhada sobre ele, baixando o corpo até a sua boca. Nessa posição, o homem deve apoiar o pescoço num travesseiro para melhor apreciar a visão dos seios da parceira enquanto ela mantém o controle da pressão e da postura.

Qualquer que seja a posição final escolhida, comece beijando, acariciando e massageando o corpo inteiro da mulher com mãos, sopro, boca, lábios e língua. Procure beijar-lhe e lamber-lhe os tornozelos e as solas dos pés, ou sugar-lhe os dedos. Depois, estimule os seios e, lentamente, percorra com os lábios e a língua toda a extensão interna das coxas e a parte posterior dos joelhos. Excite-a beijando e lambendo o interior das coxas e assopre levemente sobre a yoni.

Familiarize-se com a área genital de sua parceira. Diga-lhe que acha a sua yoni *sexy* e que deseja realmente explorá-la nos mínimos detalhes. Aplique boa quantidade de saliva em toda essa área e use a superfície inteira do dorso de sua língua. Comece com estimulação indireta, beijando, lambendo e mordiscando o púbis.

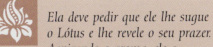

> *Ela deve pedir que ele lhe sugue o Lótus e lhe revele o seu prazer. Aspirando o aroma, ele a penetrará com a língua, em busca das secreções Vermelha e Branca. Ela, então, lhe dirá: "Come a minha essência! Bebe as Águas da Liberação! Filho, sê escravo tanto quanto pai e amante!"*
>
> — Chandamaharosana Tantra

Em seguida, gentilmente, procure com a língua e localize a abertura da yoni, bem como o clitóris. Sugue com suavidade os lábios da vagina.

Quando a mulher já estiver bastante excitada, firme a língua e, com a ponta, explore a região ao redor do clitóris e de ambos os lados do corpo desse órgão. Fazer ruídos com a boca também é ótimo. Vá em círculos, para cima e para baixo, ou "pincele" para a frente e para trás. Mordiscar, sugar e lamber suavemente com os lábios e a língua fará com que ela se sinta bem. Varie a velocidade e a pressão dos movimentos e observe como ela responde. Pergunte-lhe o que mais a satisfaz.

A seguir, arregace delicadamente o capuz do clitóris para pôr à vista a jóia inteira. Faça círculos com a língua ao redor da borda do clitóris e puxe-o para cima e para baixo. A estimulação rítmica, combinada com pressão gradual, é o que dá mais prazer. Permaneça sempre sensível à linguagem corporal da parceira e às suas respostas, revelando-lhe claramente até que ponto você também está apreciando essa prática. Essa certeza a fará relaxar e gozar ainda mais as carícias.

Você também poderá penetrá-la com a língua: basta endurecê-la e enfiá-la. Movimente-a para dentro e para fora ou mantenha-a parada e mexa a cabeça, estimulando-lhe o clitóris com o nariz, enquanto isso. Quando ela estiver bem-molhada e excitada, pronta para ceder, introduza suavemente um dedo em sua yoni e movimente-o para dentro e para fora, sem deixar de estimular-lhe o clitóris com a língua.

O uso simultâneo dos dedos e da língua para estimular-lhe o clitóris dará a ela sensações novas; muitas mulheres gostam de sentir um dedo ou dois na yoni enquanto esta é beijada. Vire a palma da mão para cima, insira os dedos, curve-os um pouco e mexa-os num gesto de "venha cá" a fim de alcançar o ponto G.

A combinação de saliva e sucos do amor, diz-se, tem propriedades mágicas que revigoram e harmonizam o sistema físico inteiro, devendo por isso ser usufruída e apreciada. E melhor ainda será se você derramar mel na yoni e o lamber!

Beijo no Lingam

O sexo oral é algo de que todos os homens gostam. As razões principais disso é que não há nem exigências nem expectativas de desempenho. É gostoso, prazer puro. Quando indagados sobre qual é o aspecto mais importante do ato amoroso, a maioria afirma que é dar prazer à parceira. Eles querem agradar a parceira e, para isso, até refreiam a ejaculação. O amor oral propicia ao homem a oportunidade de receber carícias e ter uma visão excitante.

Uma queixa comum dos homens é que as mulheres não praticam a felação com freqüência bastante e, talvez em conseqüência, esse é o serviço mais popular prestado pelas prostitutas.

Algumas mulheres não gostam do beijo no lingam devido à experiência de ânsias de vômito quando o órgão está profundamente introduzido e toca-lhes a garganta. Outras não apreciam a idéia de degustar o sêmen. Mas há maneiras de corrigir tudo isso.

Manter a boca e a garganta descontraídas é essencial para evitar as ânsias de vômito. Isso aumentará o prazer de ambos os parceiros. Se houver tensão e enrijecimento, a mulher não conseguirá proteger os dentes com os lábios e poderá ferir o lingam. Os homens quase nunca gostam de ter o seu lingam mordido — ainda que por brincadeira. O gosto do sêmen varia com

94 JOGOS DE AMOR

a dieta e o estilo de vida. Se o homem bebe álcool e café, e come carne, o gosto do sêmen refletirá esse consumo. O sêmen dos vegetarianos tem gosto muito diferente e, ao que se diz, é adocicado.

Maneiras de Beijar

A melhor posição para a mulher que vai beijar o lingam é de frente para o homem. Experimente posições diferentes, como o homem deitado de costas ou de pé, com você ajoelhada ou agachada diante dele. Varie também o cenário — fique nua com ele inteiramente vestido, só com o zíper aberto, ou fique inteiramente vestida e dispa-o.

Em geral, a maior emoção do homem é ver seu lingam amado, reverenciado e adorado com entusiasmo pela parceira. Ao beijar-lhe o lingam, mostre que está gostando do que faz. O entusiasmo é o afrodisíaco mais eficiente. Faça ruídos de satisfação. Posicione-se de modo que ele possa vê-la. O homem gosta de olhar o rosto da mulher quando ela lhe beija o lingam. Mantenha os olhos abertos e procure fazer contato visual, se puder.

Dê atenção aos testículos, ao períneo e ao ânus, antes e durante. Essas são áreas altamente erógenas. Lamba e friccione o períneo, massageando-o com leve pressão. Apanhe delicadamente os testículos na mão, lamba-os ou sugue-os levemente, colocando um ou ambos na boca. Use ambas as mãos para estimular o parceiro, uma para guiar o lingam e a outra para tocar-lhe os mamilos, os testículos ou o ânus.

A parte mais sensível do lingam é a cabeça; segure, pois, o corpo do lingam com uma mão enquanto estimula a cabeça com os lábios e a língua. Graças a essa técnica, você poderá controlar também a porção do lingam que colocará na boca.

Mantenha a língua descontraída (achatada) e úmida — quanto mais úmida, melhor. Quanto mais a sua boca e língua estiverem lubrificadas, mais agradável será a sensação proporcionada. Dê longas lambidas de "pirulito" no corpo do lingam, de baixo para cima e ao redor da cabeça. Em seguida, cubra os dentes com os lábios e mova-os para cima e para baixo, abrindo e fechando delicadamente a boca.

Ao tomar o lingam na boca, gire a língua à volta da cabeça e do sulco entre esta e o corpo do órgão. Depois, ponha o lingam para dentro e para fora da boca com um movimento lento de sucção. Com o lingam entrando e saindo, deslize a mão (bem-lubrificada) para cima e para baixo, fechando-a ao chegar à cabeça e abrindo-a ligeiramente ao chegar à base.

Em seguida, com os dentes cobertos pelos lábios, rodeie o lingam com a boca, fazendo uma pressão firme e confortável, "agasalhando-o". Descreva um leve movimento espiralado com a mão, ao

96 JOGOS DE AMOR

deslizá-la para cima e para baixo, e passe a língua pelo sulco à volta da cabeça.

Enrijeça a língua e vibre-a ao redor da cabeça e do corpo do lingam. Quanto mais movimentos de língua você fizer com ele na boca, melhor. Comece devagar, mantendo o ritmo; em seguida aumente a pressão e a velocidade.

Leve o seu parceiro ao ápice do prazer, atentando para a sua linguagem corporal e respiração; em seguida, concentre-se no seu períneo, nos testículos e no ânus, antes de voltar ao lingam.

Tente carícias e movimentos diferentes, como abocanhar todo o lingam ou apenas a cabeça, fazer movimentos longos para cima e para baixo e alterná-los com movimentos curtos. Assim agindo, os parceiros descobrem tanto o que ela gosta de dar quanto o que ele gosta de receber, fazendo do beijo no lingam uma experiência sublime.

Se você precisar parar um pouco (para descansar a boca e a mandíbula), passe saliva nos dedos e deslize-os pela cabeça do lingam enquanto massageia o escroto e o períneo, ou a próstata, com a outra mão. Se conseguir usar os dedos, os lábios e a língua simultaneamente, o seu parceiro ficará eletrizado!

OS VÁRIOS TIPOS DE BEIJO NO LINGAM DESCRITOS NO *KAMA SUTRA*

INTERMITENTE
O lingam é seguro na mão, introduzido na boca e movimentado entre os lábios.

COM PEQUENAS MORDIDAS DOS LADOS
A ponta do lingam é coberta com uma mão, fechada como para segurar um ramalhete. Os lábios são pressionados contra as laterais, que entrementes devem ser mordiscadas.

COM PRESSÃO EXTERNA
O lingam é pressionado entre os lábios e beijado como se fosse puxado para fora.

COM PRESSÃO INTERNA
O lingam é inserido profundamente na boca, rodeado pelos lábios como se estes fossem uma gravata, pressionado pelos lábios e tirado.

COM FRICÇÃO
Depois de beijado, o corpo do lingam é inteiramente lambido com a ponta da língua, que em seguida passa a titilar a cabeça.

CHUPAR MANGA
O lingam é inserido na boca pela metade e em seguida beijado ou sugado com força.

ENGOLIR OU DEVORAR
O lingam é introduzido completamente na boca, entrando o máximo que puder, e depois pressionado pela base e sugado como se fosse ser engolido.

JOGOS DE AMOR 97

MASTURBAÇÃO MÚTUA

Muitas pessoas não se masturbam regularmente depois que saem da infância ou assumem um relacionamento sólido. E com freqüência, homens e mulheres que "reincidem" na masturbação fazem-no com um sentimento de culpa, vergonha ou solidão. Para muitos, a idéia de masturbar-se na vigência de um relacionamento significa que algo está errado em suas vidas sexuais. Não é verdade! Os benefícios da masturbação mútua são numerosos. Psicologicamente, ela aprofunda a intimidade. Graças à confiança recíproca, enseja aos parceiros a possibilidade de serem mais honestos com respeito aos seus sentimentos. Além disso, aumenta a confiança sexual e a auto-estima.

Sei que a idéia de masturbar-se na frente do parceiro é perturbadora para algumas pessoas. Isso acontece porque elas consideram a masturbação um assunto absolutamente pessoal e privado.

Entretanto, se um dos parceiros não estiver disposto a fazer amor ou houver atingido um grau de excitação maior que o outro, ele poderá masturbar-se enquanto é acariciado, sem precisar sentir vergonha ou embaraço. Muitas vezes, o parceiro se motiva só de ver o outro masturbar-se.

Devemos aprender fora o que somos incapazes de aprender dentro de nossos corpos.

— SCHWALLER DE LUBICZ

Outra vantagem da masturbação é que ela lhe ensina muitas coisas sobre as reações do seu corpo ao estímulo sexual. E quanto mais intimidade você tem com o seu corpo, mais atraente você se torna para o seu parceiro.

Uma Boa Alternativa

A cópula não é o único meio de obter prazer mútuo. O simples ato de compartilhar as práticas de auto-satisfação com os nossos amantes, esposas ou maridos reduz a inibição sexual porque, uma vez abertos o bastante para masturbar juntos, já nada mais temos a esconder. Isso pode tornar o sexo mais alegre; e, acrescentando-lhe a intimidade do prazer compartilhado da masturbação, damos a nós mesmos a oportunidade de aprender um com o outro. Observar as técnicas e a resposta sexual do parceiro proporciona mais variedade erótica e mais diversão, que em última análise é a essência de uma imagem erótica do amor.

Às vezes, é até mesmo preferível masturbar-se do que copular ou fazer sexo oral, pois isso não implica pressões para um bom desempenho. Não raro me senti culpada por iniciar uma discussão a fim de criar uma desculpa para não fazer amor. Isso não é muito amável nem muito honesto. Porém, nunca mais!

Sem dúvida, há sempre a possibilidade de um dos parceiros ter reservas quanto a explorar esse tipo de intimidade. A simples sugestão costuma induzir o parceiro a se sentir rejeitado sexualmente; e talvez você receie que, se a apresentar, o seu parceiro a abandonará por achar a coisa muito "esquisita". Também é possível que o parceiro deseje secretamente compartilhar a auto-satisfação, mas tenha medo de falar a respeito, certo de que a idéia será rejeitada. Portanto, procurem sempre comunicar-se e partilhar os seus sentimentos.

Masturbação a Dois

Confiança mútua, descontração e senso de humor são elementos essenciais e inapreciáveis para essa prática. Como benefícios, vocês ficarão mais à vontade um com o outro, desenvolverão respeito mútuo e o sexo será muito mais alegre!

Façam o que puderem para relaxar, mas não transformem o orgasmo em objetivo final. O objetivo final será encontrar prazer no próprio corpo e no corpo do parceiro, festejando juntos a sua independência sexual. Vocês conseguirão isso mostrando um ao outro o que fazem, observando e aprendendo como e onde tocar, e descobrindo as diferentes carícias e padrões de movimento que dão mais prazer ao parceiro.

100 JOGOS DE AMOR

TEMPO PARA AMAR

A semente do desejo, nascida da atração mútua, tem de germinar. Para que ela cresça e floresça, há necessidade de muita delicadeza. Ela precisa ser regada com o néctar dos beijos e carícias.

— KAMA SUTRA

Para ter tempo para o amor, você precisa transformar o seu relacionamento com o parceiro numa prioridade. É muito fácil sermos apanhados na armadilha das pressões da sociedade e da ânsia de ganhar e gastar. Dessa forma, ficamos tão distraídos que começamos a negligenciar uma das coisas mais preciosas da vida — o nosso parceiro. Queremos tudo na hora — de café instantâneo a pratos rápidos e amor imediato. Se puséssemos tanta energia no relacionamento quanto pomos em outras atividades, como seria diferente a nossa experiência de vida!

Assim como precisa encontrar tempo para ficar com o seu parceiro, você precisa encontrar tempo para amá-lo. Vatsyayana, autor do *Kama Sutra*, chama a atenção para o fato de que, se um homem se excitar demais no início do ato amoroso, a mulher não conseguirá sentir prazer. Ele nos lembra que as mulheres são frágeis não apenas de membros, mas também de sentimentos e mente. Por isso, recomenda que o homem considere a mulher uma flor. O homem deve tratá-la de tal maneira que ela não se feche, mas desabroche e espalhe o seu perfume. A mulher precisa ser tratada com uma compreensão do seu estado de espírito e fragilidade. Com paciência e doçura, o homem removerá as apreensões naturais da parceira.

Homens e mulheres são diferentes e sentem o ato amoroso de maneira diversa. Para o homem, a união sexual acontece fora do corpo; para a mulher, dentro. A ênfase na importância do orgasmo feminino escamoteou a sua necessidade igualmente importante de obter satisfação emocional do sexo — ternura, amor, admiração, comunhão e intimidade. O mesmo se aplica ao homem, do qual muitas vezes se espera que responda como uma máquina sexual e não como um ser humano. Quer sejamos homens ou mulheres, todos nós

102 ATO SEXUAL CRIATIVO

temos elementos masculinos e femininos, em graus variados e em períodos diversos. A despeito das diferenças, o que homens e mulheres desejam do parceiro no amor é bastante parecido — e, para uns e outros, a alegria maior é dar.

O QUE AS MULHERES QUEREM

O que uma mulher quer é ser tratada e reverenciada como uma deusa. Quer sentir-se atraente e ser aceita, amada tal qual é. Quer que o seu parceiro se preocupe com ela, agrade-a e satisfaça-a sexualmente. Quer que o homem descubra e aprecie todo o seu corpo, saiba onde e como tocá-lo, pergunte-lhe do que ela gosta e não gosta. Quer que o seu amante se abra para ela e que ela possa abrir-se para dizer francamente o que deseja, sem embaraços. Quer que os seus dedos sejam considerados tão importantes quanto os seus mamilos. A mulher quer sentir que excita e transtorna o seu parceiro.

A mulher exige também um prelúdio ao ato sexual durante parte da noite ou por um período inicial de toques e carícias. Quer fazer amor devagar, sem pressa de chegar lá, embora uma "rapidinha" às vezes seja bem erótica. Quer que tudo tenha ares de alegria. E o que deseja acima de tudo é sentir a presença e a concentração totais do amante. Mas deseja também sentir a inteligência, a força, a paixão, a firmeza e o humor dele.

O QUE OS HOMENS QUEREM

Além de ser "bom de cama", o homem quer abertura sexual, confiança, apoio, inteligência, sensibilidade, intimidade e espaço para se mostrar vulnerável. Também quer dar prazer à parceira e sentir que ela o recebe. Ele gosta de ver o prazer dela refletido nos seus

> *Para o homem, tanto quanto para a mulher, a doação total do eu é fonte de maravilhosa felicidade — e sorte. A cópula não implica apenas o prazer dos sentidos: mais importante é o sacrifício da pessoa, a entrega do eu.*
>
> — KAMA SUTRA

movimentos, gemidos, sorrisos e disposição para aceitá-lo. O homem precisa ser encorajado com palavras e sons.

A energia, a disponibilidade e o deleite sexual da mulher são coisas encantadoras aos olhos do homem. Ele quer ficar transtornado pelo êxtase da entrega total da parceira. Quando um homem percebe que a mulher está gozando a própria feminilidade, fica absorvido pela radiância de sua felicidade e prazer.

ATO SEXUAL CRIATIVO 103

POSIÇÕES AMOROSAS

A variação das posições amorosas propicia novidade, ajuda a prolongar a cópula e pode até curar. Nas páginas seguintes, descrevo algumas posições novas, velhas, conhecidas e esquecidas, todas testadas e aprovadas ao longo de milhares de anos por milhões de pessoas. Considere-as como sugestões para você descobrir quais as que melhor lhe convêm.

Posições diferentes serão mais adequadas a certos estilos e tipos de arremetida. Algumas funcionarão melhor para você do que outras, dependendo da forma, altura e peso do seu corpo, ou da localização, profundidade, largura e comprimento dos seus genitais.

Aproveite o prazer de descobrir as melhores posições para você e o seu parceiro, mantendo sempre frescos e vivos o interesse e o encanto de fazerem amor um com o outro. Adapte as posições aqui descritas às suas próprias necessidades, de maneira imaginativa — não é preciso copiá-las à risca. Igualmente divertido será aplicar nomes por você mesmo escolhidos às posições que experimentar. Isso introduzirá no caso um elemento de humor, sempre bem-vindo no ato amoroso.

Testar novas posições é importante, porque todos nos sentimos culpados, especialmente em relacionamentos duradouros, por nos restringir numas poucas posições familiares que, sabemos, funcionam bem para nós. No entanto, a monotonia pode ser perigosa, pois leva ao tédio, que torna o sexo um exercício mecânico.

VARIAÇÕES FÁCEIS

Se você não se considera muito aventureiro, mesmo uma pequena mudança — o uso de uma almofada ou travesseiro, o realinhamento das pernas — dar-lhe-á a oportunidade de experimentar novas sensações. Isso funciona graças à variação do ângulo da yoni com relação ao lingam, e mostra-se particularmente eficaz em posições nas quais a mulher fica deitada de costas.

Quando ela fica deitada de costas, colocar uma almofada sob a sua região pélvica, mais ou menos à altura da base da espinha, faz com que a yoni se curve para baixo e para fora. A cópula, nessa posição, coloca o lingam em contato com o clitóris e permite uma penetração mais profunda. De igual modo, posicionar uma almofada sob as nádegas da mulher faz com que a yoni se curve para cima e para dentro, de sorte que o canal vaginal assume quase o mesmo ângulo que o lingam. Isso resulta numa penetração mais profunda e satisfatória, com possibilidade de orgasmo intenso.

Procure saborear toda uma variedade de posições e arremetidas, pois mesmo uma mudança insignificante na posição relativa dos corpos é bastante para modificar as sensações experimentadas. E, se mudarem as posições, técnicas e habilidades, o parceiro não mudará.

As quatro posições básicas do ato amoroso são: o homem por cima, a mulher por cima, o homem pela frente ou de lado nas posições agachada ou sentada. Há também as posições de pé, menos praticadas. Todas, porém, apresentam variações infinitas. Algumas geram um tipo positivo e estimulante de tensão sexual, enquanto outras são mais calmantes, permitindo que o casal permaneça junto sem precisar se mover, o que enseja um tipo diferente de intimidade.

Algumas dessas posições são uma clara indicação de que a boa forma e a agilidade têm enorme importância. Certas posturas de ioga refletem diferentes posturas amorosas e servem como preparação para o ato sexual criativo. Mas lembre-se: se determinada posição provocar cansaço físico ou dor, esqueça-a.

Todos os movimentos dos jogos amorosos e da cópula devem ser feitos com graça e coordenação. Também é particularmente agradável passar de uma posição a outra sem precisar retirar o lingam da yoni, com um mínimo de movimentos e um máximo de harmonia entre o casal.

A MULHER POR CIMA

A vantagem dessas posições é que a mulher desempenha um papel ativo, podendo escolher a abordagem e o ângulo de arremetida mais excitantes para ela. Algumas mulheres acham-nas as melhores para chegar ao orgasmo. Quanto ao homem, a vantagem é que, depois de ter desempenhado o papel ativo, ele pode ganhar uma pausa para relaxar e aproveitar. Também gozará o prazer de ver a parceira por cima dele e ter fácil acesso aos seus seios e ao resto do seu corpo.

Por cima, a mulher controla a velocidade e a profundidade da arremetida. Isso muitas vezes torna mais fácil, para o homem, relaxar e controlar a ejaculação.

Nessa posição, alguns homens acham mais fácil controlar a ejaculação. Essa será uma posição ideal quando o homem for muito mais pesado que a mulher ou estiver cansado. Outra vantagem para os parceiros é que poderão fazer amor durante os primeiros meses de gravidez sem que a mulher, nessa posição, arque com o peso do homem.

A Posição da Cobra

De frente para o homem, a mulher se abaixa aos poucos sobre o lingam, com as pernas abertas ou no meio das dele. Ela poderá dobrar os joelhos ou pousar os pés ao lado do corpo do parceiro. Se colocar as pernas no meio das dele, deverá apertar-lhe levemente o lingam com as coxas e, assim, estimular a ereção. O parceiro poderá acariciar-lhe os seios e mamilos, aumentando-lhe a excitação.

Pinças

Para assumir essa posição, o homem senta-se com as mãos para trás, a fim de suportar o peso. A mulher agacha-se por cima e vai lentamente se abaixando sobre o lingam. Em seguida, estira as pernas e entrelaça-as no corpo do parceiro, que assim consegue manter o equilíbrio. Numa variação, a mulher curva-se para trás e escora o próprio peso nos cotovelos.

Gansos Voando de Costas

Essa posição em geral começa com a mulher sentada sobre o parceiro, de frente, com o lingam introduzido. A seguir, faz um giro de 180° — o que é muito estimulante para o lingam — de modo a colocar-se de frente para os pés dele, com as mãos pousadas em seus tornozelos. Ela poderá variar as sensações dobrando-se para diante e mudando o ângulo de penetração. Se quiser, baixará gradualmente a cabeça entre as pernas do parceiro. Ele poderá erguer-se um pouco ou ficar deitado de costas, acariciando as nádegas e o clitóris da parceira.

Patos em Vôo Invertido

Essa posição é excelente para um ato amoroso lento e prolongado, e deixa à mulher o controle da penetração. É ótima também quando o homem é muito mais pesado que a mulher ou quando ela está grávida, porquanto não precisará suportar-lhe o peso.

Para assumir essa posição, o homem se senta na cama, apoiado nos cotovelos e com as pernas estiradas à frente. Ela então se ajoelha de costas para ele, com as pernas abertas, podendo aumentar o próprio prazer fazendo movimentos circulares com os quadris.

 106 ATO SEXUAL CRIATIVO

LADO A LADO

As posições lado a lado são cômodas e permitem ao casal regular a profundidade de penetração. São ótimas também quando a mulher está grávida, pois o ato pode ser praticado depois que a sua barriga começa a atrapalhar as posições convencionais.

A posição da Carruagem permite que os amantes se mirem nos olhos enquanto se tocam e acariciam.

Patos Mandarins

Essa posição é ideal para um ato delicado, com movimentos lentos. É também ótima para os primeiros meses de gravidez.

Deitada de lado e dobrada ligeiramente para trás, evitando assim o peso todo do parceiro sobre a perna de baixo, a mulher levanta ambas as pernas acima dos quadris do parceiro. Com as pernas em volta dele, bem abertas, ela exporá a yoni a uma penetração completa, com isso estimulando ao máximo o lingam.

O Caranguejo

Essa é uma boa posição para um ato sexual enérgico, apaixonado, num amplexo apertado e íntimo. Os parceiros deitam-se de frente um para o outro. Em seguida, a mulher enlaça uma perna à volta do homem, achegando-lhe os quadris e mantendo a outra perna esticada. Ele faz o mesmo, por baixo, de modo a penetrá-la facilmente e arremeter ritmicamente. Uma vez que a cabeça dela ficará um pouco acima da dele, essa é uma ótima posição para o homem estimular bem a mulher nos seios e mamilos. Enquanto isso, ela lhe acariciará as nádegas e as coxas.

A Carruagem

Nessa posição, a mulher fica deitada de costas, com os joelhos dobrados. O homem deita-se de lado com a parte inferior do corpo sob as nádegas da mulher, de modo que as pernas dela se estendam sobre as coxas dele. Essa posição permite que os amantes se mirem nos olhos enquanto se acariciam.

Na posição Sentada do Lótus, a mulher promove e controla as arremetidas, movendo-se para cima e para baixo com a ajuda dos pés.

POSIÇÕES SENTADAS

As posições sentadas são maravilhosas quando os parceiros estão vestidos e a excitação de uma experiência clandestina acrescenta uma dimensão diferente ao ato amoroso. Elas podem dificultar um pouco os movimentos, mas há nisso algumas vantagens. Ajudam a prolongar o ato ou a fruir, pura e simplesmente, a proximidade entre os parceiros.

Posição Sentada do Lótus

Com o homem sentado numa cadeira, a mulher agacha-se sobre ele, de frente, e se puder alcançar o chão com os pés, poderá usá-los a fim de movimentar-se para cima e para baixo. Poderá também ficar sentada em seu colo, um pouco afastada para que ele lhe acaricie o ventre, estimulando-lhe os seios e o clitóris.

Rachar o Bambu

Outra variação: a mulher senta-se no colo do parceiro, volta-se para o lado e levanta a perna mais próxima do corpo dele. Isso permite uma penetração profunda, estimulação manual simultânea dos seios e clitóris, além de beijos de boca apaixonados.

Posição dos Pés Emparelhados

Nessa posição, o homem senta-se na cama com as pernas abertas e esticadas. De frente para ele, a mulher abaixa-se sobre o lingam e dobra-se para trás, colocando o peso nos cotovelos, e ergue os joelhos enquanto ele lhe estreita as coxas. Essa posição restringe os movimentos de ambos os parceiros e reduz o grau de estimulação genital, o que é ótimo para "acalmar" e prolongar o ato.

Penetração por Trás

Não se trata aqui de coito anal, mas apenas de posições em que o homem aborda a mulher por trás. Elas são "animalescas" e criam uma forte sensação de sexualidade primitiva. O homem pode arremeter profunda e lentamente, ficando com as mãos livres para estimular os seios e o clitóris da parceira.

Ao fazer amor em qualquer das posições de penetração por trás, o homem sempre deve começar com arremetidas suaves e passar aos poucos a uma ação mais vigorosa. Não deve forçar logo de começo, porque causará incômodo à mulher, caso ela não esteja suficientemente excitada.

O Pulo do Tigre Branco

A mulher fica de quatro, o homem se ajoelha por trás dela e, assim, pode estimular-lhe o clitóris e os seios.

A Cigarra Agarrada à Árvore

Nessa variação do Pulo do Tigre Branco, a mulher fica de quatro e baixa o tronco até pousar a cabeça nos braços cruzados, enquanto o homem se posiciona por trás. Ele agarra os quadris da parceira e penetra-a. Essa posição empurra a yoni para cima e permite que o lingam entre com facilidade.

Talvez valha a pena mencionar que, enquanto o homem arremete, a yoni pode emitir um som por causa do ar que escapa. Mas que isso não os abale. Depois da possível surpresa e embaraço iniciais, gozem o som como um adicional erótico — e mesmo divertido!

Abelha Zumbindo de Costas sobre o Homem

Pode-se também apreciar a penetração por trás com o homem deitado de costas. Nessa posição, ele estira as pernas, juntas ou um pouco afastadas. A mulher ajoelha-se sobre ele, de costas, e assim acocorada pode mover a pelve para cima e para baixo, para um lado e para o outro, enquanto acaricia os testículos do parceiro. Ele poderá acariciar-lhe os ombros, as costas, as nádegas ou as coxas, variando as sensações caso se erga um pouco para segurar os ombros ou os quadris da mulher.

Na posição de penetração por trás chamada Abelha Zumbindo de Costas sobre o Homem, a mulher se acocora sobre ele, de costas. Em seguida, controla as arremetidas movendo a pelve para cima e para baixo, e de um lado para o outro.

ATO SEXUAL CRIATIVO

Ambos os parceiros precisam ser fortes e ágeis para assumir a posição dos Macacos na Terceira Lua da Primavera, que no entanto é bastante satisfatória porque o homem pode arremeter lenta e profundamente.

Macacos na Terceira Lua da Primavera

Essa posição de penetração por trás é para pessoas ágeis. A mulher deita-se de bruços na cama, com as pernas abertas e suspensas na borda. O homem fica de pé ou ajoelhado entre as pernas da mulher e, enquanto ela ergue os quadris, ele inclina-se e segura-lhe delicadamente as coxas, levantando-as como se estivesse brincando de carrinho de mão. A mulher ergue a cabeça e apóia-se nos cotovelos, permitindo ao homem arremeter rítmica e profundamente. A mulher poderá ficar com as pernas esticadas ou enlaçadas no corpo do parceiro.

POSIÇÕES DE PÉ

Fazer amor de pé exige que ambos os parceiros estejam concentrados para manter o equilíbrio e pode ser um delicioso acréscimo ao repertório do casal.

Posição de Pé Básica

A posição de pé básica torna-se mais fácil quando os parceiros têm mais ou menos a mesma altura e um não precisa curvar os joelhos para manter a penetração. É mais bem executada com um dos parceiros encostado a uma parede, ou outro suporte qualquer, para dar mais vigor às arremetidas. Trata-se de uma boa posição para as carícias mútuas, bem como para beijos longos, apaixonados.

Posição Suspensa

Uma variação mais ousada é quando o homem segura a mulher e suporta completamente o seu peso. Para começar, convém que ela se sente num banco alto ou num aparador com altura conveniente. O homem toma-a firmemente nos braços, enquanto ela lhe enlaça o corpo com as pernas; em seguida, ele a levanta aos poucos do assento e a mantém no ar. Poderá colocá-la na posição certa segurando-a abaixo das nádegas.

O problema com essa posição é que ela torna as arremetidas difíceis. O lado bom é que permite uma penetração profunda e uma sensação maravilhosa de proximidade.

110 ATO SEXUAL CRIATIVO

Três Passos de Vixnu

Para essa postura, convém estar em boa forma e contar com o apoio de uma parede. O casal deve assumir a posição devagar e com cuidado, para não machucar os músculos das costas e pernas.

Os parceiros se preparam para assumir a posição postando-se de frente um para o outro. O homem então segura a mulher colocando uma mão sob as suas nádegas, para apoiá-la enquanto ela enlaça a perna esquerda na coxa direita dele. O homem penetra-a em seguida e enlaça a perna esquerda na coxa direita da mulher.

Um Passo à Frente

Essa postura pode exigir alguma prática e adaptação, e é importante que ambos os parceiros sejam fortes e flexíveis.

A mulher encosta-se à parede com as pernas abertas e o homem se coloca diagonalmente diante dela. Apoiando-se nos braços e ombros, ela levanta uma perna e transfere o peso para a outra. O homem poderá ajudá-la segurando-lhe a perna levantada e o corpo.

Uma vez nessa posição, o homem penetra a parceira e arremete apoiando-se ora num pé, ora no outro. Se ele recear perder o equilíbrio na cama, o casal deve se transferir para o chão, com a cabeça e os ombros da mulher apoiados em almofadas ou travesseiros, para maior comodidade.

O Homem por Cima

A posição básica do homem por cima é conhecida como papai-e-mamãe. A maioria de suas variações consiste na mudança de posição das pernas da mulher, para multiplicar as sensações do casal.

Abrir e Florir

Essa é uma posição muito íntima. A mulher deita-se de costas com os joelhos puxados para o peito. O parceiro abaixa-se com os joelhos aos lados dos quadris dela e penetra-a. A mulher então engancha as pernas nos braços do parceiro e passa-as por cima de seus ombros.

Fazer amor nessa posição envolve penetração profunda, de sorte que demorados jogos amorosos são necessários para ajudar a mulher a relaxar o suficiente para poder apreciá-la. Nessa posição, o homem pode acariciar-lhe suavemente os seios e as coxas, usando as mãos para propiciar-lhe mais prazer clitoriano. É importante que ele a penetre com delicadeza e, para começar, arremeta lentamente. À medida que a excitação for aumentando, ele poderá intensificar as arremetidas segurando a parceira e puxando-a para si.

De Pernas para o Ar

Essa posição exige, de ambos, boa forma e flexibilidade. De início, ela se deita de costas e ele se ajoelha entre as suas pernas. Depois, a mulher recolhe as pernas, levanta-as e coloca as panturrilhas sobre os ombros dele, passando-as à volta do seu pescoço.

Essa postura possibilita penetração bastante profunda, sendo portanto essencial que o homem penetre a mulher com cuidado e delicadeza. Ela é talvez mais indicada depois que o casal praticou o ato por algum tempo. Então, os músculos da mulher estarão mais descontraídos, facilitando assumir a posição, e a sua yoni bem lubrificada, tornando a penetração mais fácil.

POSIÇÕES DE TENSÃO

Destinadas a estimular, as posições de tensão excitam enquanto promovem uma sensação de proximidade e calma. Ao assumir uma delas, você provavelmente quererá mantê-la por muito tempo ou movimentar-se com lentidão provocante e bizarra.

COBRA

A mulher senta-se sobre o homem, de frente, com os joelhos na cama; em seguida, arqueia as costas o máximo que possa e segura os tornozelos do homem, se o conseguir.

A GRADE DO AMOR

Com o homem ou a mulher por cima, ambos esticam braços e pernas o máximo que puderem.

O PENETRADOR

Por cima, com os pés apoiados a uma parede, o homem penetra devagar e pressiona fortemente, empurrando-se com os pés.

ELIXIR

Uma variação interessante da posição papai-e-mamãe é a mulher recolher as pernas até ficar com os joelhos à altura das orelhas. Isso projeta a yoni para cima e propicia uma profundidade de penetração impossível em outras posturas. Mas, a menos que seja bastante flexível, a mulher precisará sustentar as pernas com as mãos. O homem terá de se agachar para manter o contato, mas a profundidade de penetração gera uma sensação de proximidade que justifica tentar essa posição, ainda que por pouco tempo.

Não é possível manter essa posição, comodamente, durante muito tempo em virtude da pressão exercida sobre o abdome da mulher. Não se deve, pois, tentá-la logo depois de uma refeição generosa!

O ARCO

É fácil assumir essa posição a partir da do Elixir. A mulher abaixa as pernas e pousa-as nos ombros do parceiro. Ele precisará erguer-se para se apoiar nas mãos e dedos dos pés, ficando inclinado sobre a parceira e só fazendo contato genital.

Abaixando ainda mais as pernas, ela as cruza ao redor dos quadris do parceiro e usa a força dos músculos das coxas para estreitar o amplexo. Essa posição encurta a yoni, e o lingam pode tocar o colo do útero; portanto, convém proceder com cuidado.

Exuberância

Nessa posição, a mulher deita-se com a base da espinha na borda da cama, de pernas abertas. O homem ajoelha-se à sua frente, em um ou em ambos os joelhos. A seguir, penetra-a suavemente; ela se senta, apoiada pelo seu abraço, e enlaça-lhe o corpo com as pernas.

Essa posição é especialmente boa porque combina jogos amorosos e cópula. Permite que os parceiros se beijem e acariciem com as mãos, possibilitando penetração profunda e estimulação clitoriana.

Variações Agradáveis

Em muitas posições, o homem fica entre as pernas da mulher. Para sensações novas, a situação deve ser invertida: a mulher fica entre as pernas do homem.

Para intensificar o aperto da yoni no lingam durante a penetração, quando o homem está de pernas abertas, a parceira deve cruzar as pernas à altura dos joelhos. Ao fazer isso, as paredes da yoni pressionam a base do lingam, restringindo-lhe os movimentos e

A posição do Elixir é difícil de manter por muito tempo, mas propicia incrível profundidade de penetração e maravilhosa sensação de proximidade.

ATO SEXUAL CRIATIVO 113

assegurando o máximo de contato entre os dois órgãos. Nessa posição, ademais, tanto o homem quanto a mulher podem contrair e distender o músculo pubococcígeo.

POSIÇÕES TRANQÜILAS

Essas posições asseguram uma cópula descansada, com um mínimo de movimentos para ambos os parceiros.

Também ajudam a prolongar o ato amoroso, proporcionando uma pausa entre posições mais ativas. Isso dá aos parceiros tempo para absorver a energia sexual já criada.

É valioso e compensador ficar em repouso, apreciando as sensações visuais, sonoras, olfativas e táteis do contato sem movimentos. Isso acalma a mente, mantém os parceiros concentrados um no outro e dão oportunidade de contato visual.

Relaxar e gozar dessa maneira a paz interior equivale a uma meditação sexual amorosa.

PERNAS ENTRELAÇADAS

O homem deita-se ao lado direito da mulher, apoiando-se em seu lado esquerdo e de frente para ela. Apoiando-se no lado direito, ela coloca a perna direita entre as pernas dele e a esquerda por cima.

Quando o casal está nessa posição, o entrelaçamento das pernas assegura um fácil contato genital. Trata-se de uma posição cômoda para uma cópula lenta e sensual — e agradável para ambos adormecerem juntos.

YAB YUM

Essa é a posição clássica da iconografia tântrica. Muitas divindades tântricas são mostradas em cerrado amplexo sexual, com as *shaktis* (deusas) na posição *yab yum*. Isso revela o poder do sexo, a força da união e a mútua dependência entre os princípios masculino e feminino.

Trata-se de uma posição fácil, à qual se pode passar da de papai-e-mamãe ou da básica com a mulher por cima. O homem se senta com as pernas cruzadas ou ligeiramente curvadas, com as solas dos pés se tocando. A mulher se agacha sobre ele, de frente, com as pernas enlaçando-lhe o corpo e com os braços à volta de suas costas ou pescoço. O homem pode colocar as mãos sob as nádegas da mulher e movimentar-se; ou podem ambos ficar completamente imóveis, mirando-se nos olhos, respirando juntos e até praticando o exercício do músculo pubococcígeo. A penetração com movimento profundo, no entanto, é restrita.

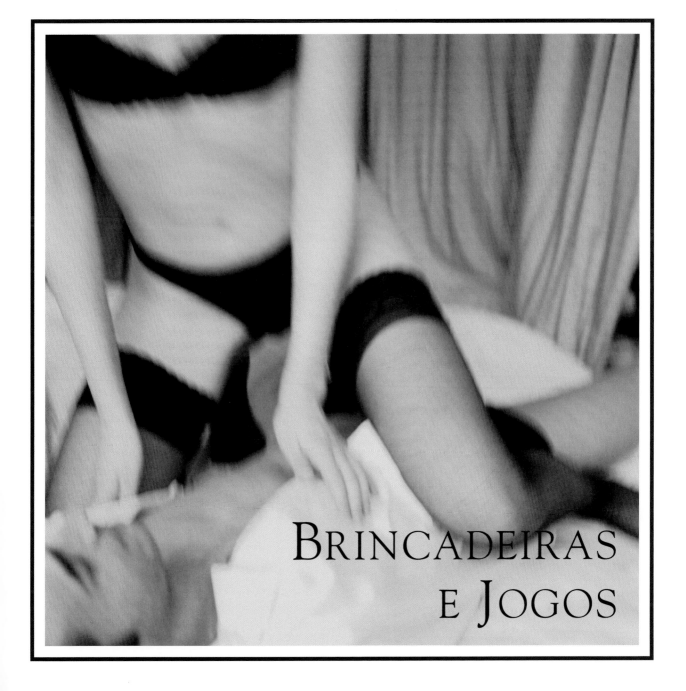

FANTASIA

> *Fantasiar significa explorar nossas mentes e emoções à cata de conteúdos sexuais que possam melhorar a fruição do orgasmo. Se aprendermos a levar vidas sexuais mais criativas, sozinhos ou com nossos parceiros, sem dúvida seremos mais generosos ao compartilhar os ricos detalhes de nossos mundos de fantasia. Fazendo o jogo "conte a sua que eu conto a minha", os parceiros podem inspirar-se na busca da felicidade sexual.*
>
> — BETTY DODSON

A fantasia erótica é uma atividade normal e natural; faz parte de nossa sexualidade. E, por enquanto, ninguém pode ler a nossa mente!

Se o seu parceiro gosta de fantasias eróticas, não quer dizer que esteja traindo você ou que o amor que lhe devota não é suficiente. Fantasiar sobre alguma coisa não significa que a concretizaremos — a maioria de nós imagina experiências que nem de longe pensa realizar.

A beleza da fantasia é que ela lhe permite experimentar uma variedade sexual além dos limites da realidade. Usando a mente criativa, você gera possibilidades que ultrapassam as restrições do real. As fantasias também poderão ajudá-lo a concentrar-se no corpo e na mente, bem como nas sensações que eles produzem. Não existem fantasias anormais, desde que consigamos distingui-las da realidade, e não há necessidade de julgar a imaginação sexual. Respeite as suas fantasias e a sua capacidade de fantasiar; mas não as confunda com a realidade.

Sem dúvida, as fantasias sexuais, pessoais ou compartilhadas, sempre foram usadas para tornar o sexo mais excitante. Quando, por alguma razão, o sexo era impossível, as fantasias devem ter-se revelado bons substitutos ou ajudado a preencher um vazio irremediável! Elas propiciam uma fuga à mediocridade, aguçam o prazer, são reveladoras e essenciais para a autodescoberta sexual.

Algumas pessoas acham mais fácil fantasiar que outras, mas é algo que se pode aprender. Você só precisará sentir-se

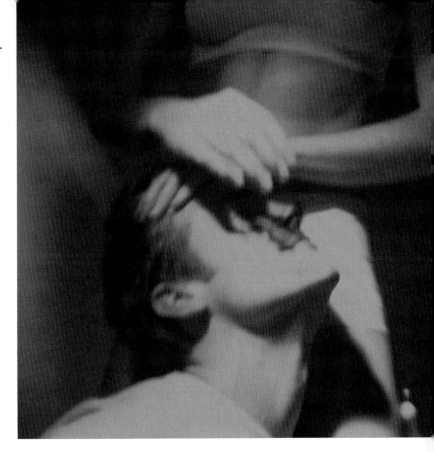

à vontade com os seus pensamentos sobre sexo, estar bem consigo mesmo, confiante e livre para dar asas à imaginação. A fantasia sexual não é muito importante na vida de algumas mulheres; histórias românticas de amor, com forte conteúdo emocional, sim. Se você for uma delas, tente masturbar-se lendo literatura erótica ou vendo filmes de sexo.

O maior órgão sexual do corpo é o cérebro; a mente e a imaginação fornecem-nos o mais eficaz dos afrodisíacos. As fantasias eróticas ligam nossas mentes consciente e inconsciente, permitindo-nos explorar a nossa sexualidade e dar largas às nossas almas criativas. As fantasias tornam acessíveis o proibido, o imprudente, o temerário. Elas podem ser divertidas, sombrias, ousadas, amedrontadoras, pecaminosas ou obscenas. E há sempre a possibilidade de, no processo de exploração, algumas situações sexuais surpreendentes e inesperadas virem à tona das profundezas da nossa mente inconsciente.

Sonhos e devaneios são formas de fantasia. Algumas fantasias baseiam-se em situações da vida real, enquanto outras são de natureza mais mítica ou mística, e mesmo supersticiosa. Um tema comum de muitas delas é a tensão erótica — o jogo entre opostos aparentes. Esses opostos incluem inibição e abandono, liberdade e proibição, poder e submissão, segurança e abuso, fantasia e realidade.

As fantasias podem basear-se numa idéia, imagem, som ou sentimento vago, desenvolvendo-se e expandindo-se num mundo ou panorama imaginário. Quanto mais fortes forem a sua fantasia e suas visualizações, mais fácil você achará intensificar a sua excitação quando quiser — a sós ou com um parceiro.

BRINCADEIRAS E JOGOS *117*

Partilhe as suas Fantasias com o Parceiro

Se você não julgar, avaliar ou impuser expectativas ao parceiro, partilhar as suas fantasias com ele será uma boa idéia. E não partilhar também será.

Revelar uma fantasia sempre parece mais pessoal que discorrer a respeito de experiências da vida real, e pode nos fazer sentir extremamente vulneráveis. Criar algo na mente parece ligado mais ao que somos do que ao que gostaríamos de ser aos olhos dos outros — e soa, pois, como algo muito revelador. Concretizar uma fantasia com o parceiro exige comunicação honesta e livre consentimento. Prefira fantasias que agradem a ambos e prepare o cenário com antecedência.

Meu namorado e eu certa vez decidimos apimentar a nossa vida amorosa e representar uma fantasia na qual eu era uma prostituta e ele um cliente. Ele saiu para eu me preparar. Pus meias de seda e calcei um sapato de saltos altíssimos. Marcamos a hora do encontro, durante o qual nos cumprimentaríamos como estranhos e depois seduziríamos um ao outro. Não planejamos mais que isso; sentimo-nos um tanto tolos e inseguros antes de romper em risadas. O consentimento mútuo e o senso de humor são da máxima importância!

Fantasias criativas positivas constituem um ótimo ingrediente para a masturbação e o estabelecimento de um clima de intimidade, quando ambos consentem em concretizá-las sem causar danos a si mesmos ou aos outros. Não tente fantasiar a respeito de outra pessoa quando estiver fazendo amor com o seu parceiro. Você precisa estar emocional e espiritualmente com ele nessas ocasiões, para não interromper a troca de energias e a sua mescla sutil.

O perigo de confiar em fantasias sexuais é o sexo se transformar numa viagem mental. Se ele se tornar um mero jogo da mente, poderá distanciar-nos do nosso corpo sensorial. Poderá bloquear a parte mais profunda do nosso ser porque não mais estará centrado no nosso corpo

no momento presente e, sim, se projetando para o futuro.

Os taoístas acreditam que, se a mente se concentrar em algo diferente daquilo que o corpo está fazendo, criará um abismo entre os aspectos mental e espiritual do corpo. Assim, quando você fizer amor, os seus pensamentos devem voltar-se para o ato e para o afeto.

FAÇA AMOR COM UM DEUS OU COM UMA DEUSA

No Tantra, a visualização é usada para elevar a consciência do ato amoroso ao nível do sagrado. Para colocar o seu amor sexual num plano superior, você poderá visualizar a criatura amada como um deus ou uma deusa, reverenciar a divindade que reside em ambos e sentir a santidade do sexo. Tratando o parceiro como uma imagem divina, você gera no coração sentimentos de reverência, admiração, estima, respeito e humildade.

Quando um deus ou uma deusa fazem amor, a experiência é sublime. Desempenhar um papel cósmico é também divertido; funciona como uma oportunidade para você expressar um aspecto diferente de seu ser. Vocês poderão dar-se um ao outro nomes inusitados, etéreos, vestir-se com tecidos sensuais, adornar-se com acessórios exóticos e, com iluminação e música, criar o cenário ideal para liberar a imaginação erótica.

JOGOS QUE OS AMANTES PODEM JOGAR

 Não paramos de brincar porque envelhecemos; envelhecemos porque paramos de brincar.

— GEORGE BERNARD SHAW

Se a sua vida amorosa ou sexual for importante para você a ponto de merecer um investimento de energia e tempo, tente algumas ou a totalidade destas sugestões de coisas que poderá fazer junto com o seu parceiro. Bom será se você conservar o senso de humor e não sentir a vergonha que algumas poderão suscitar. Quando menos, isso tanto lhe dará assunto sobre que conversar quanto o inspirará a criar os seus próprios divertimentos!

Parte do que se segue são instruções sexuais tântricas extraídas do *Ragamaya*; outras eu mesma inventei e, devo dizer, experimentei!

- Respirando lentamente no mesmo ritmo e olhando-se nos olhos, vejam um no outro energia, amor ou o vazio.
- Assumam papéis divertidos, com ou sem roupa, e nesses papéis façam amor. Invertam os sexos.
- Vede os olhos do parceiro e faça-lhe perguntas sexuais explícitas ou deixe-o explorar-lhe o corpo enquanto você observa.
- Vestidos de início, dispam-se um para o outro.
- Vão dormir juntos e regulem o despertador para acordá-los à meia-noite. Logo que o alarme soar, abracem-se e comecem a fazer amor.
- Ao fazer amor, inventem nomes espontâneos para as partes eróticas do corpo do parceiro — seios, boca, vagina, pênis. Digam em voz alta: "Quero lamber a sua... Quero mordiscar o seu...".
- Com uma caneta colorida, façam um ponto no centro do peito do parceiro, em sua testa (o terceiro olho) ou em qualquer outra parte do corpo. Concentrem-se nessa marca durante todo o ato amoroso.
- Imaginem que os seus corpos são feitos de pedra, tão pesada que cada movimento ou gesto exigem grande concentração.
- Imaginem que os seus corpos são levíssimos; concentrem-se para não flutuar.
- Dancem juntos; dancem um para o outro; dancem nus e festejem!

 120 BRINCADEIRAS E JOGOS

- Usem um chapéu ou uma jóia bonita — e só.
- Façam amor como os seus animais favoritos.
- Mantenham contato visual durante todo o tempo que fizerem amor.
- Usem uma câmera instantânea para tirar fotos eróticas um do outro; ou filmem-se fazendo sabe-se lá o quê!
- Da próxima vez que se amarem, um dos dois não deve fazer nada.
- Travem uma boa luta de travesseiros, riam e gritem até cansar; depois, façam amor.
- Escrevam, digitem ou enviem por correio eletrônico ao parceiro algo que esperam dele e que ele nunca fez, talvez um sonho ou fantasia.
- Deitem-se lado a lado, de olhos fechados. Sem contato físico, façam amor mentalmente.
- Façam amor como se fosse a primeira vez para os dois — ou a última.
- Depilem os pêlos pubianos um do outro, fazendo desenhos ou completamente.
- Uma ou outra vez, quando não quiserem fazer amor, façam-no. Uma ou outra vez, quando quiserem, não o façam.
- Vistam as roupas um do outro. Em seguida, façam amor fingindo ser o outro.
- Sentem-se de frente, cada qual com um prato de petiscos favoritos ou frutas.

Finjam que estão fazendo amor, mas com os pratos e sem se tocar.

- Dispam-se um ao outro com as mãos às costas.
- Com um pincel limpo, macio e grosso, pintem o corpo do parceiro com algo comestível.
- Se puderem, durmam numa cama e façam amor em outra.
- Contem um ao outro uma história erótica, por turnos e por partes.
- Surpreendam-se de alguma maneira.
- Coloquem no bolso ou na bolsa do parceiro um bilhetinho erótico.
- Façam juntos uma refeição, comendo só com as mãos. Com os dedos, alimentem-se um ao outro.
- Façam o jogo do espelho. Postados de frente, um dos parceiros reproduz exatamente o que o outro faz, seja movimento, som, gesto, expressão ou ato físico. Esse jogo leva ambos a romper com a consciência de si mesmos. Também permite que desempenhem diferentes papéis e expressem diferentes atitudes. Isso favorece a intimidade e a harmonização na comunicação tácita. E é divertido!
- Transformem o ato amoroso em ritual. Preparem o ambiente, untem-se com óleos perfumados, acendam velas e incenso, reverenciem-se mutuamente como deus e deusa. Tornem o amor um ato de adoração.
- Brinquem para divertir-se juntos e para explorar diferentes aspectos de si mesmos. Eis uma oportunidade para livrar-se de inibições e dar o amor que desejam dar.

PORNOGRAFIA E ERÓTICA

A diferença entre pornografia e erótica é a iluminação.

— GLORIA LEONARD

O nosso interesse em ler material sexualmente explícito ou em ver imagens de atos e órgãos sexuais não é nada novo. Toda civilização criou a sua própria arte erótica como forma fundamental de expressão humana e manifestação do elemento fantasioso da sexualidade do homem.

Manuais ilustrados e livros de cabeceira sobre sexo desempenharam papel importante nas culturas orientais desde a mais remota antiguidade, existindo também abundante material artístico de conteúdo erótico proveniente de antigas civilizações da África e do Oriente Médio. Ao longo dos séculos, livros sobre sexo têm sido amplamente lidos, para fins tanto educacionais quanto de entretenimento.

A pornografia e a erótica são muito usadas como coadjuvantes do sexo. A diferença entre ambas não é nítida e depende, até certo ponto, do julgamento individual. Basicamente, a pornografia se ocupa do ato sexual em si, ou mostra os genitais de maneira direta, ao passo que a erótica consiste mais numa tentativa de pintar o amor em suas manifestações físicas. O material destinado a excitar é tão variado quanto as pessoas que ele excita e, como auxiliares do sexo, há lugar para as duas coisas.

Muitas pessoas às vezes acham a pornografia excitante, embora algumas, por condicionamento, relutem em admiti-lo com franqueza. Outras vezes, costumam achar a pornografia crua a ponto de ser ofensiva. Por outro lado, a sutileza da erótica pode ser bastante inspiradora e excitante, muito útil para despertar o impulso sexual. As pessoas em geral se excitam mais com conteúdos aos quais conseguem se relacionar do que com exibições de atos que acham incômodos e afrontosos. Mas, ao fim, tudo é uma questão de mentalidade.

Toda pornografia diz respeito a sexo e, até há bem pouco, o "entretenimento adulto" era uma indústria dominada pelo homem e voltada para os seus desejos ou inclinações. No passado, pensava-se que o homem respondia melhor ao material erótico do que a mulher. Entretanto, a pesquisa não mostra isso: ambos os sexos reagem à pornografia e à erótica de modo semelhante, embora, é claro, o homem apresente mais evidência externa de sua excitação!

Filmes adultos criados, produzidos e dirigidos por mulheres, explorando o que elas desejam e exigem do sexo, estão atualmente mais disponíveis e vão ficando cada vez mais populares. Esses filmes tendem para uma abordagem mais contida, sensual e erótica, atraindo um segmento crescente da sociedade: mulheres ávidas por explorar as próprias fantasias. Elas anseiam por experiências sexualmente gratificantes e querem ansiosamente encontrar novas e prazerosas maneiras de compartilhar uma noite trepidante com o parceiro! Há muitas razões que explicam o florescimento da pornografia. A pornografia e a erótica propiciam uma fonte de conhecimento e informação comparativa sobre o comportamento sexual. Podem substituir o sexo em pessoas que não têm ou não querem ter um parceiro, ou acham-nas mais agradáveis e menos comprometedoras do que outras opções. E podem ser também um meio de excitar-se ou de excitar o parceiro, isto é, um afrodisíaco muito bem-vindo.

O Uso da Pornografia para o Prazer

Se o seu parceiro usa pornografia ocasionalmente, isso não significa que o amor desapareceu, ou que você não serve ou deixou de servir para ele. As pessoas recorrem à pornografia e à erótica para acompanhar a masturbação e estimular o desejo sexual. Algumas usam-na durante o sexo, para acrescentar-lhe uma dimensão diferente. Conheço inúmeros casais que mantêm um relacionamento duradouro no qual, por um motivo qualquer, o sexo arrefeceu um pouco; eles descobriram que compulsar pornografia juntos insuflou em suas vidas sexuais uma fonte renovada de energia.

Se você usa pornografia como coadjuvante sexual, permaneça atento. Ela pode inspirar e excitar na hora certa; mas também pode perturbar o seu parceiro se se chocar com os sentimentos dele no momento. Se a pessoa for obcecada por pornografia e incapaz de gozar o sexo com um parceiro, alguma coisa está exigindo correção.

BRINQUEDOS SEXUAIS

O fato de instrumentos, implementos e dispositivos sexuais existirem há séculos revela que a busca da satisfação sexual é um desejo humano básico.

Mencionados no *Kama Sutra*, bem como em muitos outros textos indianos e chineses, esses dispositivos eram e ainda são usados para intensificar ou substituir os órgãos sexuais. Falos de madeira nobre, de marfim, de chifre e de jade, ou mesmo de ouro e prata, foram encontrados em todas as culturas. Alguns eram símbolos religiosos da fertilidade, outros, amuletos para afastar o mal e trazer sorte; e outros, ainda, destinavam-se apenas ao prazer tanto de homens quanto de mulheres.

ACESSÓRIOS MASCULINOS

Vários dispositivos para colocar no lingam a fim de aumentar-lhe o comprimento ou a espessura são freqüentemente descritos na literatura asiática e em textos antigos.

Há também referências a anéis especiais, às vezes feitos de jade, para serem colocados na base do lingam. Apresentavam pequenas protuberâncias destinadas a estimular o clitóris durante a cópula. Esses apetrechos antigos foram os precursores do moderno anel peniano.

IMPLEMENTOS FEMININOS

Existem igualmente referências antigas ao pênis artificial duplo, com duas tiras de seda atadas ao meio. Uma mulher podia inserir uma das extremidades em sua própria yoni, amarrando-a com fitas à volta dos quadris. Depois, satisfazia a companheira com a ponta proeminente do eixo, enquanto gozava a fricção gerada pelo movimento da outra extremidade dentro dela. Uma inovação oriental, conhecida como "bolas *ben-wa*", consistia num par de esferas ocas feitas de prata, uma delas contendo uma gota de mercúrio, que eram inseridas na yoni de modo tal que, quando a mulher se movia, elas criavam uma vibração em suas entranhas.

VIBRADORES E PÊNIS ARTIFICIAIS

Os vibradores são massageadores elétricos (usualmente movidos a pilha) que podem ser usados para estimulação interna ou externa. Os pênis artificiais destinam-se à inserção vaginal ou anal e, em geral, não vibram. Os que vibram são chamados "pênis artificiais vibradores".

Os pênis artificiais geram uma sensação de plenitude e pressão interna que muitos homens e mulheres acham bastante agradável. São a opção perfeita quando se deseja algo para a penetração, enquanto os vibradores funcionam melhor para a estimulação do clitóris.

BRINCADEIRAS E JOGOS 125

O primeiro vibrador foi provavelmente o aparelho de massagem a vapor patenteado em 1869 pelo Dr. George Taylor, um médico americano, para tratamento de distúrbios femininos. O tratamento médico das mulheres que sofriam de "histeria", na época, consistia em estimular os seus genitais até que elas chegassem ao orgasmo (conhecido como "paroxismo histérico"). O primeiro vibrador tornou a estimulação mais rápida e muito mais fácil!

O vibrador proporciona sensações agradáveis em quase todas as partes do corpo — cabeça, pescoço, ombros, faces, mãos, parte inferior das costas, nádegas, coxas, barriga e pés. É muito excitante quando usado para massagear, estimular e titilar os genitais.

O vibrador apresenta um ritmo rápido e constante, mas com velocidades e intensidades diferentes. Há vibradores de diversas formas, tamanhos, cores e estilos, desde modelos pequenos, em forma de cigarro, até os que lembram um pênis ereto. Em geral, são feitos de plástico, borracha ou silicone.

Massageadores elétricos, por outro lado, destinam-se sobretudo ao uso em todo o corpo. Possuem maior capacidade vibratória e, normalmente, duas velocidades, o que os torna também mais barulhentos. Devido à intensidade da vibração, algumas mulheres preferem interpor um tecido entre o aparelho e a pele, para amortecer as vibrações, ou aplicá-lo num dos lados dos genitais, o que faz com que o lábio externo cubra e proteja o clitóris. Os fabricantes de massageadores elétricos quase nunca mencionam o seu uso para o prazer sexual.

A vibração suave ou vigorosa que esses aparelhos proporcionam estimula o fluxo de sangue para a área onde são aplicados. Isso relaxa os músculos e, ao mesmo tempo, estimula os terminais nervosos sensíveis. Os vibradores são mais usados nos lábios vaginais — grandes e pequenos — e, particularmente, no clitóris. Também podem ser introduzidos parcialmente na yoni e usados para estimular outras zonas erógenas tanto do homem quanto da mulher.

O *Kama Sutra* aconselha que apenas objetos naturais sejam usados como pênis artificiais, citando bananas, mangas, cenouras, pepinos, talos de plantas ou cogumelos, abóboras e outros frutos e legumes que lembrem o lingam ereto em forma e textura. Hoje em dia, esses objetos são fabricados de silicone, borracha, vinil, etc., para inserção tanto vaginal quanto anal. Alguns lembram espantosamente o pênis de verdade, com glandes moldadas, veias túrgidas e até escroto. Vêm em diversas cores, tamanhos e formas — retos, curvos, lisos, rugosos, macios, de duas pontas ou duas extremidades. Alguns têm cintos para a pessoa "vesti-los". Muitos vibradores e pênis artificiais são encurvados para alcançar o ponto G e, simultaneamente, estimular o clitóris. Também é possível adquirir imitações de pênis moles — dobráveis e esticáveis.

Quando você usar brinquedos sexuais, lembre-se sempre desta regra para um sexo seguro: nunca insira um pênis artificial, vibrador ou outro aparelho qualquer (nem o próprio pênis) na vagina, depois que ele foi usado no ânus, sem antes lavá-lo ou cobri-lo com uma camisinha nova.

Por que Usar um Vibrador?

Por que não? Você não saberá se é bom ou não antes de experimentar. Ele sem dúvida acrescentará uma dimensão nova à sua vida sexual, a sós ou com um parceiro. Você poderá aplicá-lo a qualquer parte do corpo, do rosto às solas dos pés, e a sua grande vantagem é que você fará isso privativamente, para explorar o que mais lhe convém. Descubra as áreas que dão mais prazer, a velocidade ideal, a intensidade da pressão, a duração do contato, etc., etc., etc.! Não considere esses aparelhos uma ameaça à sua intimidade sexual e, sim, uma "mãozinha" extra.

Os vibradores podem ser úteis quando não há um parceiro disponível ou quando há necessidade de um alívio

da tensão sexual ou muscular. Podem ser também valiosos instrumentos para apimentar ou reavivar um relacionamento sexual que se tornou morno e previsível. Os vibradores servem sobretudo para estimular o clitóris e chegar ao orgasmo. São igualmente eficientes e prazerosos quando usados durante a masturbação ou a cópula. E também dão prazer ao homem.

Escolher entre os muitos vibradores, brinquedos sexuais e outros aparelhos disponíveis tornou-se tarefa difícil. Eu prefiro os tipos mais fortes e silenciosos, como o Hitachi Magic Wand e o Eroscillator. O Magic Wand é um vibrador-massageador de tanto sucesso que, embora não concebido originalmente para uso nos genitais, mais tarde foi fabricado como acessório para estimular o ponto G. O Eroscillator destina-se à estimulação externa e clitoriana. Ambos são elétricos. Infelizmente, você não poderá testá-los antes de comprar, devendo confiar na sorte ou nas recomendações. Tudo, na verdade, depende daquilo que você espera de um vibrador ou pênis artificial — sobretudo pressão, embora o onde e o como, a velocidade e a textura também ajudem a determinar a escolha.

Segundo o Tantra, o contato direto entre os corpos tem um poder especial que jamais será igualado por sucedâneos. No entanto, pênis artificiais e vibradores deixam as pessoas livres para controlar a própria sexualidade. Além disso, podem ajudar as mulheres pré-orgásmicas bem como melhorar o controle da musculatura genital das outras, para que tenham orgasmos mais intensos.

Muitos homens se consideram responsáveis por criar o clima sexual adequado, na presença de suas parceiras, e podem achar a sugestão da mulher de usar um vibrador como sinal do seu fracasso. Eles podem sentir-se preteridos por uma máquina ou objeto.

Para superar esses sentimentos, tente envolver o parceiro na sua escolha e use brinquedos sexuais desde o começo. Aplique-lhe o vibrador na região interna das coxas, entre o ânus e o escroto, no corpo do seu lingam. Daí para a frente, o melhor será provavelmente ver se ele se sente bem com o vibrador, usando-o em si mesmo ou deixando que você o faça. Ambos devem adotar o aparelho e integrá-lo à sua prática amorosa.

ANÉIS PENIANOS

Outro recurso muito eficaz é o anel peniano — em geral, um aro macio e rijo de borracha, plástico, couro ou metal que envolve a base do lingam. Alguns envolvem também os testículos. O anel peniano é usado para incrementar e manter a ereção, estimulando os músculos que controlam o fluxo de sangue para o lingam e impedindo que

128 BRINCADEIRAS E JOGOS

ele reflua. Anéis penianos vibradores têm um pequeno vibrador que pode ser posicionado diretamente contra o escroto ou o lingam, produzindo uma trepidação agradável também para a parceira, durante a cópula.

Alguns anéis penianos incorporam uma extensão macia na forma de almofada com protuberâncias que friccionam o clitóris. Essa estimulação extra ajuda a mulher a chegar ao orgasmo. A estimulação clitoriana é, em geral, a parte mais importante da excitação sexual feminina; portanto, os anéis penianos podem ser úteis mesmo quando o homem não tem problemas de ereção.

Outros Recursos

Os móveis podem ser usados como recurso sexual e ajudar a sustentar certas posições. Coisas divertidas como cadeiras de balanço acrescentam novas dimensões ao sexo. Óleos, alimentos e duchas — na verdade, toda invenção concebida em pleno êxtase amoroso pode constituir um recurso sexual. O ambiente que nos cerca deve ser considerado um complemento erótico, cabendo a nós, por isso, torná-lo bonito e inspirador. O próprio corpo humano encerra inúmeras possibilidades nos membros, nas mãos, nos dedos, no queixo, no nariz, nos seios e na língua.

Outro coadjuvante sexual imprescindível é a lubrificação. A sua saliva ou a do parceiro são as melhores. Eu, porém, recomendaria igualmente óleos prensados a frio ou não-processados — puros e não-adulterados — de amêndoa, cereais, coco, semente de girassol ou oliva. Evite tudo o que seja mineral ou à base de petróleo, como óleo de bebê, vaselina ou gel.

Vale notar que um lubrificante à base de óleo derrete a camisinha. Portanto, ao usá-la, empregue sempre lubrificantes à base de água como o K-Y Jelly ou o Astroglide (encontrados em farmácias e drogarias).

Uma *lingerie* exótica costuma ser divertida e muito excitante. Tanguinhas, sutiãs com abertura e ligas são excitantes de vestir e olhar. Calcinhas que friccionam as áreas eróticas são ainda mais *sexy*. Tecidos finos e de seda, cores inusitadas, espartilhos transparentes e enfeites de plumas dão mais jovialidade aos jogos amorosos. Roupas de couro, borracha e vinil são outros tantos aparatos eróticos.

Sem dúvida, não é necessário gastar dinheiro com essas coisas; espelhos estrategicamente posicionados costumam ter grande efeito; uma fita pode ser atada na base do lingam à guisa de anel peniano; e você poderá usar luvas de borracha ou de látex para tocar o seu parceiro. Basta um pouco de imaginação e vontade de fugir da atividade sexual rotineira.

BRINCADEIRAS E JOGOS

Brinquedos Sexuais e Relacionamentos

Supondo que sexo é uma questão de desempenho, muitos amantes continuam a sentir-se ameaçados ou deslocados quando o parceiro fala em adotar um vibrador ou outro coadjuvante em suas relações amorosas. Mas se o objetivo for o prazer e não a façanha, então a ameaça deixará de existir e o sexo se tornará uma jornada de descoberta e intimidade a dois.

> O sexo é a energia mais vibrante do homem, mas não pode constituir um fim em si mesmo: ele deve conduzir o homem até a sua alma. O objetivo é passar da luxúria à luz.
>
> — OSHO

Eu gosto muito do meu vibrador. Afora o enorme prazer que me dá, ele me ajuda a relaxar, estimula a minha energia criativa e ensina-me a ser mais confiante e menos dependente sexualmente. Também intensifica o fluxo sangüíneo e as contrações musculares da yoni, tornando-a elástica e saudável. Não pode, entretanto, substituir as sensações de toque e amor com outro ser humano.

Usar um vibrador ou outro coadjuvante sexual fará você menos dependente do seu parceiro. Além disso, melhorará, enriquecerá e revitalizará um relacionamento já satisfatório, ou renovará e dará variedade sexual a uma parceria monogâmica antiga ou a um relacionamento temporário arrefecido. É fácil, quando o primeiro arroubo de excitação num relacionamento novo desaparece, cair na rotina sexual. De vívida expressão de amor e apreciação mútua, o sexo pode degenerar em algo apenas moderadamente agradável.

Recorrer a algum tipo de auxílio sexual nessas circunstâncias pode surtir efeitos muito mais significativos do que a diversão proporcionada pelo brinquedo em si. Ocasionalmente, introduzir um novo brinquedo ajuda a manter o relacionamento sexual num nível estimulante e aprazível.

O sexo sempre é um assunto muito pessoal e, com a maioria dos equipamentos de ajuda, a atitude de quem recorre a eles é tão importante quanto o funcionamento do próprio aparelho. Quer o problema seja ejaculação precoce ou dificuldades de ereção e de chegar ao orgasmo, a confiança desempenha papel crucial. Se você a adquirir graças ao uso de um aparelho, então a coisa estará funcionando. O que terá descoberto é a confiança em si mesmo — o aparelho não passa de um meio de obtê-la. Naturalmente, o melhor coadjuvante natural é o amor!

Amor por Todas as Razões

AMOR DURADOURO

O único alquimista que transforma tudo em ouro é o amor. A única mágica contra a morte, o envelhecimento e a vida banal é o amor.

— Anaïs Nin

Que tal se os contos de fadas terminassem assim: "E viveram felizes para sempre, embora tivessem de se esforçar para manter essa situação"? O casamento e o relacionamento íntimo são uma jornada, um processo — nunca fáceis! Um e outro devem proporcionar satisfação emocional, bem-estar físico, comunicação franca e estímulo intelectual para manter-se vivos e florescentes.

Eu não sou casada e nunca fui. Por isso, "Como você consegue preservar o amor e continuar com a mesma pessoa por tanto tempo?" é uma pergunta que já fiz a muitos amigos casados e a mim mesma, com respeito aos meus relacionamentos de longa data. As respostas foram repetitivas. Alguns dos elementos sempre presentes incluíam comunicação, interesses comuns, interesses individuais, compatibilidade sexual, afeição, abordagem construtiva de problemas, capacidade de perdoar e de dizer a frase "sinto muito", aceitação plena e valorização mútua, crescimento a dois, confiança, respeito, zelo pela vida e pelo amor, e espaço ocasional para um e outro!

Assim como o ato amoroso é vivenciado como dança, assim o casamento precisa ser um diálogo. Não se trata apenas de saber conversar sobre assuntos variados e interessar-se pelos pontos de vista do parceiro, mas também de sentir-se bem um com o outro em silêncio.

Não basta, para o casal, amar-se: os parceiros precisam também gostar um do outro. As amizades costumam ser mais duradouras que os casamentos; por isso, a menos de haver sólidos elementos de amizade no relacionamento, as suas bases podem revelar-se bastante inseguras.

Ter interesses comuns e fazer certas coisas juntos é importante (como importante é cultivar alguns interesses independentes). Muitas vezes, são os interesses comuns que aproximam duas pessoas; outras, eles brotam do

relacionamento; outras, ainda, um dos parceiros assume os interesses do outro. A compatibilidade sexual costuma ser o fator mais importante num relacionamento duradouro e a abertura para novas idéias constitui um passo positivo que mantém vivo o erotismo.

Compreender e valorizar o fato de que a vida e os relacionamentos equivalem a aventuras a serem usufruídas e não apenas "vividas" são qualidades inestimáveis em ambos os amantes. Vale a pena preservar esse senso a despeito dos problemas que possam surgir. Tempos ruins ou difíceis em geral não duram muito e o casal que consegue manter abertos os canais da comunicação íntima conserva o gosto pela vida. E quem busca novas formas de fruição mútua certamente supera com mais facilidade os tempos difíceis, mantendo o relacionamento intacto e os vínculos íntimos ainda mais fortes.

Em todo relacionamento, há dificuldades e tensões. Conflitos e diferenças de opinião podem ocorrer, mas há que enfrentá-los inteligentemente, positivamente, construtivamente. Caso não sejam trazidos à tona, o ressentimento aparecerá e provocará o desastre.

Bases do Relacionamento

A capacidade de perdoar a si próprio e ao parceiro é um ingrediente básico de qualquer relacionamento. O orgulho é a antítese do amor. Se formos orgulhosos demais para dizer: "Sinto muito", com sinceridade, seremos incapazes de amar. Você precisa desenvolver e alimentar o amor cuidando do seu parceiro e preocupando-se com ele.

Provavelmente, o fator fundamental de um relacionamento ou casamento bem-sucedido e duradouro é aceitar de todo o parceiro tal qual é, a despeito de suas inevitáveis falhas, fraquezas e limitações. A única pessoa que você poderá mudar é você mesmo; você deve, pois, aceitar o seu parceiro como ele é e amar tudo o que existe nele. Todos queremos ser amados e aceitos como somos.

Qualquer relacionamento, à medida que se desenvolve e evolui, passa por exame e escrutínio, quer os parceiros sejam casados ou não. Em um nível, os relacionamentos podem melhorar quando se ganha mais dinheiro, quando se estabelece um lar estável e quando se assegura a felicidade dos filhos.

Melhoram também quando os parceiros se apóiam mutuamente com afeto, reafirmam o compromisso um com o outro e reservam mais tempo para o sexo ou o convívio não-sexual. Num nível mais profundo, o que mais consolida um relacionamento é a disposição para a mudança de atitudes e o apoio recíproco para o desenvolvimento como indivíduo e como casal, extraindo-se assim o melhor de cada um. Isso não significa que você deva mudar o parceiro e suas atitudes, mas permaneça aberto à possibilidade de mudar a si mesmo enquanto cresce e evolui. É importante que gostemos de nós mesmos e nos sintamos à vontade com o que somos. Quando nos damos bem sozinhos, criamos algo de diferente e especial ao nos unirmos.

Tirar o melhor de cada um de nós significa aceitar totalmente a si mesmo e ao outro, além de trazer à tona as qualidades da energia masculina e feminina que existem em nós mesmos. Quando duas pessoas se tornam uma só no ato amoroso, perdem momentaneamente a identidade e o ego; vai-se a mente e vai-se o tempo.

Mudanças com o Tempo

Todos temos de evocar certas qualidades essenciais para reativar e manter vivo o amor em relacionamentos de longo prazo. Devemos começar enfatizando e reconhecendo os elementos positivos em todas as áreas do relacionamento.

Sempre que gostar de alguma coisa, diga-o. Quando ficar satisfeito com algo que o seu parceiro fez para você, não hesite em declará-lo. Se achar que o seu parceiro está com boa aparência, cumprimente-o. Reitere sempre o seu compromisso com o relacionamento e certifique-se de que tudo quanto disser ou fizer melhore e não estrague a convivência.

Nossa atividade sexual muda à medida que mudamos os nossos pontos de vista sobre a vida e passamos por suas diferentes fases. Para trazer à baila uma alteração na atitude frente ao sexo, os casais têm de se comunicar com franqueza, pois de outro modo o sexo continuará sendo simplesmente um ato mecânico dos mais previsíveis, no plano biológico. Desse modo, muita coisa se perde.

Para saber como anda o relacionamento, esclareçam as suas expectativas mútuas fazendo listas delas e trocando-as, sem deixar de relê-las periodicamente. Homens e mulheres tomam decisões diferentes em diferentes fases de sua evolução; discutam e considerem as mudanças ocorridas em si mesmos e nos parceiros.

Ponderem juntos os acontecimentos de suas vidas, determinando se as promessas foram cumpridas e as expectativas concretizadas. Isso manterá o relacionamento vivo e sólido.

Dêem-se permissão para perguntar, questionar ou comentar as coisas que possam ajudá-los a entender melhor os parceiros ou a si próprios — "Eu sempre quis perguntar-lhe se...", "Eu nunca disse antes, mas eu gostaria que você...", "Sabe o que mais me excita?", "De que você gosta mais?". Descreva as qualidades que, a seu ver, constituem uma boa experiência sexual. Relembre as experiências sexuais mais vívidas que teve com o seu parceiro e descubra o que existe nelas em comum. A idéia que uma pessoa faz do que é importante numa boa experiência sexual reflete a sua singularidade. A visão de mundo de cada um de nós é diferente e cada qual tem a sua própria idéia de quais fatores são necessários para uma vida satisfatória.

O fruto de um bom casamento é o amor duradouro.

— KAMA SUTRA

Dêem um ao outro a oportunidade de serem honestos quanto àquilo que apreciam e não apreciam, querem e não querem. Tomem a iniciativa e não esperem que o parceiro adivinhe o que desejam e não desejam — os gostos mudam. Intimidade, comunicação e

AMOR POR TODAS AS RAZÕES *135*

paciência são o que podemos oferecer um ao outro.

Honestidade

Se um de vocês achar que as suas relações sexuais não são suficientemente boas, o outro sem dúvida achará o mesmo. Não tenham medo de admitir isso um para o outro. Façam-no sem acusações a si mesmos ou aos parceiros. Usem isso como um meio positivo de recriar alguma coisa nova e diferente, que os leve a melhorar juntos.

O amor morre entre os amantes quando eles escondem que as suas relações sexuais não são suficientemente boas. O ressentimento, a insatisfação e a frustração se instalam e acabam por explodir. Admita que não sabe enfrentar o problema sozinho. Quando nos submetemos humildemente, a ajuda aí está, dentro de nós mesmos — para em seguida externar-se. O autoconhecimento honesto gera a paixão, o compromisso e a força do amor. Se você tiver coragem e honestidade, desejando realmente ser livre, viverá o seu amor.

Uma experiência sexual pode ser ótima e outra não tão ótima assim. Se você permanecer totalmente aberto e honesto, aceitando-se e ao seu parceiro como são — ambos francos consigo mesmos —, essa abertura não se modificará na presença de uma experiência boa ou má.

A abertura é ilimitada e exprime-se como amor incondicional, espontâneo e vivo. Torna-se a natureza de cada momento.

UMA ATMOSFERA PARA O AMOR

Concedam um ao outro a liberdade que só pode se basear na confiança. Só a liberdade constitui a atmosfera na qual o verdadeiro amor consegue florescer. Creio realmente que um casal capaz de se amar com êxtase logra experimentar pessoalmente, e um com o outro, paz, alegria e harmonia por todos os modos e em cada aspecto de suas vidas. Assim, a atração amorosa entre ambos aumenta e torna-se permanente.

Anos de rotina fazem com que as experiências sexuais novas pareçam estranhas e até ameaçadoras. No entanto essas experiências, num contexto sólido e seguro, são particularmente agradáveis, eróticas e picantes. Dizer no momento certo e de maneira afetuosa "Vamos apimentar um pouquinho o nosso relacionamento" é um modo bastante positivo e eficaz de introduzir novas atividades sexuais na sua vida amorosa. Apóiem-se mutuamente a fim de descobrir novas formas de excitação, reintroduzindo a variedade, a inovação e a surpresa.

RELACIONAMENTOS TREPIDANTES

É muito comum o casal se tornar complacente depois de muitos anos de convívio. Para evitar isso, você deverá aprender a interagir com o seu parceiro de maneiras diferentes. Uma atitude de curiosidade e experimentação saudável abrirá novas esferas de possibilidades e experiências sensuais. Deixem para trás os papéis sexuais tradicionais. Se o seu parceiro iniciar sempre o ato amoroso, assuma essa tarefa por algum tempo. Tente ser ativo e receptivo ficando por cima e por baixo; faça sexo oral e massagem erótica por turnos.

Produzir sons, usar a voz, aprofundar a respiração e permitir que mais partes do corpo se envolvam acrescentará também uma nova dimensão ao ato amoroso. Experimente o prazer excitante de estimular novos pontos erógenos.

Reserve um tempo para ficar com o seu parceiro tanto em caráter sexual quanto não-sexual — seja afetuoso, erótico, sedutor, enamorado — a fim de promover um retorno bem-vindo e trepidante ao seu passado sexual.

Descubra maneiras, lugares e horas diferentes para amar, talvez com a excitação adicional de ser apanhado em flagrante. Ao despertar, beije a criatura amada. Ao despedir-se, beije a criatura amada. Ao voltar depois do trabalho, beije a criatura amada. Ao ver televisão, abrace a criatura amada. Estreite-a nos braços sempre que puder. Ao conversar, achegue-se a ela. Ao caminhar, tome-lhe a mão. Dê ao seu parceiro, sempre, um beijo de boa-noite.

Também é essencial a vontade de melhorar e manter franca a comunicação, além de levar em conta os sentimentos do outro. Se precisar dizer "não" a alguma coisa, explique por que e o que pretende fazer como alternativa. Se pedir ou sugerir algo com que o parceiro não concorda, seja compreensivo e paciente. Descubra o motivo da recusa. E, em vez de remoer queixas antigas, antecipe prazeres. Se tiver alguma dúvida quanto à atitude, intenção ou desejo do seu parceiro, pergunte em vez de tentar adivinhar ou deduzir. O seu interesse, sem dúvida, será levado em conta.

Ligue-se ao parceiro como pessoa, como indivíduo de direito próprio, e não como um corpo ou a sua cara-metade. Forceje por agradar e ser agradado, por servir e ser servido, por dar e receber, por confiar e ser confiável. Seja flexível, cortês, atencioso e gentil. Encontre o equilíbrio entre seriedade e alegria, mas lembre-se sempre de brincar!

Relacionamento Duradouro

Há parceiros que, depois de alguns anos de casamento ou coabitação, deixam de fazer amor e, ainda assim, se sentem realizados no relacionamento. Para eles, amor é companheirismo, partilha de interesses, fruição da vida familiar, cuidados mútuos. Às vezes, esses casais chegam a entrar num acordo pelo qual um ou ambos poderão satisfazer-se sexualmente fora do lar. Creio, porém, que os relacionamentos mais gratificantes são aqueles em que sexo e amor estão unidos, pois os atos amorosos mais agradáveis são com a criatura amada.

Para que um relacionamento amadureça e dure, a realidade deve compensar o idealismo romântico. Um relacionamento duradouro exige que ambos os parceiros parem de inventar imagens de si mesmos, aceitando-se como são. Essa é uma das diferenças cruciais entre amar e estar apaixonado. O crescimento mútuo, o respeito e o apoio um ao outro, a mudança e a evolução trarão alegria a um convívio seguro e criarão vínculos ainda mais sólidos ao longo da vida a dois.

A qualidade deve presidir a todos os aspectos da existência, com o amor tornando-se significativo no sexo e o relacionamento transformando-se em algo onde sexo e amor têm o seu papel. É ilusão pensar que uma pessoa evoluirá no mesmo passo que a outra. Paciência, compreensão e boa vontade em esperar o tempo necessário para realizar alguma coisa, eis o que constitui um casamento espiritual.

Cada um de nós é um indivíduo com a sua própria consciência, de sorte que o nosso desenvolvimento é sempre único. No entanto, se apoiarmos o parceiro e descobrirmos as intenções, quando não os objetivos — espirituais, mentais, emocionais e físicos — de nossas vidas individuais —, estaremos realmente juntos.

Duas pessoas envolvidas num relacionamento estreito e intenso precisam ajudar-se uma à outra. Refletir profundamente todos os dias, pôr em prática aquilo que se sabe e pensar antes de falar melhorará a qualidade de vida de qualquer casal.

Nunca se é Velho Demais

Ao que parece, as pessoas casadas vivem mais que as solteiras. Os taoístas, sempre apaixonadamente empenhados na busca da saúde e da longevidade, acreditavam que para permanecer saudáveis e viver mais as pessoas deviam fazer amor até o dia da morte.

O verdadeiro amor e a energia sexual, para os taoístas, consistem na capacidade de satisfazer-se e ao parceiro — por toda a vida. Essa capacidade aumenta graças à compreensão e aceitação de nós mesmos e do outro, bem como ao ajuste às mudanças fisiológicas inevitáveis que ocorrem.

O sexo, como o corpo, muda à medida que envelhecemos. Notam-se modificações em nossas respostas e desejos sexuais. Isso não significa que o sexo diminui: ao contrário, cada etapa sexual e cada década de nossas vidas oferecem suas possibilidades passionais próprias, além da oportunidade para um relacionamento mais profundo.

Relacionamentos que Evoluem

Embora a fertilidade da mulher atinja o ponto máximo no início da idade adulta, sua capacidade para o prazer erótico pode aumentar ao longo da vida. Para muitas, a menopausa acarreta uma intensificação do impulso sexual. À medida que o homem envelhece, seus níveis de testosterona diminuem, ao passo que os da mulher aumentam (em relação aos outros hormônios femininos). Assim, com o tempo, o homem se torna mais yin e a mulher, mais yang. Na verdade, os sexos chegam a uma maior compatibilidade à proporção que envelhecem e que as suas diferenças hormonais se atenuam.

Para alguns homens e mulheres, depois de determinada idade, a sexualidade se torna parte insignificante e indiferente da vida. No entanto, muitos idosos continuam a praticar uma ou outra forma de intimidade sexual. Não é por envelhecermos que, de repente, nos transformamos em seres assexuados; nossa capacidade para a intimidade sexual permanece por toda a vida. O que muda é o modo de expressão da sexualidade.

Depois de anos de experiência sexual, as expressões de erotismo e amor ficam mais refinadas e evoluídas, havendo mais profundidade de convívio quando homens e mulheres apuram e cultivam sua energia sexual.

Quando ficamos mais velhos, certos fatores já não são necessariamente tão impositivos quanto eram, como cuidar dos filhos ou seguir uma carreira. Isso quer dizer que os nossos relacionamentos pessoais assumem importância crescente. Fazer amor é uma maneira de afirmar o apego à vida. É uma expressão da satisfação obtida no presente. Expressa a proximidade de nossos relacionamentos mais profundos e constitui importante critério para avaliar a qualidade da nossa existência.

Mudanças Fisiológicas

Masters e Johnson mostraram que há certas vantagens nos últimos anos de atividade sexual, desde que as pessoas compreendam e aceitem as mudanças que ocorrem naturalmente em seus ciclos de resposta sexual.

A primeira fase da resposta sexual, a de excitação, em geral demora mais nas pessoas de meia-idade que nos jovens. Um homem mais velho percebe que a sua ereção se dá mais lentamente, que o ângulo dessa ereção pode ter-se modificado e que o seu lingam talvez não fique tão duro quanto antes. Mas, com um pouco de tempo e estimulação adequada, ele de qualquer maneira ficará ereto.

Na fase média, a principal vantagem em ser mais velho é que o homem quase sempre consegue controlar melhor a ejaculação. A necessidade de ejacular torna-se menos urgente e ele pode permanecer num estado de ereção e estimulação agradável por um longo período. Isso aumenta a sua capacidade de ter orgasmos múltiplos sem ejaculação. No entanto, quando um homem mais velho ejacula, a sensação costuma durar menos da metade que antes e com muito menos espasmos. Ele perde logo a ereção e demora muito para recuperá-la.

No caso das mulheres idosas, as fases da resposta sexual também se modificam. Uma jovem usualmente produz lubrificação de 15 a 20 segundos depois do início da estimulação, enquanto uma mulher já na menopausa precisa de vários minutos. Na fase média, as mais velhas não exibem tantas modificações na cor da pele quanto as jovens e o seu canal vaginal também não aumenta de tamanho. A experiência do orgasmo como contrações vaginais tende a ser muito curta — de quatro a cinco, contra de oito a doze.

Graças à consciência e à compreensão adequada das diferenças no desempenho sexual e na resposta erótica entre

140 AMOR POR TODAS AS RAZÕES

amantes jovens e idosos, muitas preocupações podem ser postas de parte. A capacidade sexual muda com a idade, mas não cessa nunca; e a qualidade do prazer num relacionamento afetuoso e maduro compensa em muito a quantidade e a freqüência usufruídas na juventude.

Mantenha-se em Forma Sexualmente

Os nossos órgãos sexuais, como quaisquer outros, precisam de exercício regular para permanecerem fortes e saudáveis. A continuidade da atividade sexual ajuda a manter o organismo vigoroso e tonificado, contribuindo grandemente para a saúde geral e a sensação de bem-estar.

Ninguém gosta de achar-se velho demais para o amor. As pessoas que continuam prontas, apesar da idade, a amar e ser amadas, têm muitas chances de fugir ao sentimento terrível de solidão e isolamento que esmaga tantos idosos. Em algumas pessoas, a necessidade de fazer amor diminui, mas não há razão para que interrompam essa prática. Ela talvez só precise de uns poucos ajustes.

MENOPAUSA E ANDROPAUSA

 A força mais criativa do mundo é uma mulher entusiasmada depois da menopausa.

— MARGARET MEAD

A menopausa é a cessação da função reprodutora na mulher — não o fim da função sexual. Os dois sistemas que incluem os órgãos sexuais — sistemas reprodutor e sexual — contribuem para a saúde mental e emocional, bem como para a evolução psicológica da pessoa, mas são inteiramente independentes um do outro.

A menopausa acarreta diminuição da produção de estrogênio, o que para as mulheres é o início de uma crise emocional. Os sintomas mais corriqueiros são irritabilidade, depressão, alterações de humor, dores de cabeça, fogachos, suores noturnos, palpitações, distúrbios do sono e incapacidade de concentração, além de muitas mudanças físicas e emocionais.

Para algumas mulheres, a penetração torna-se menos desejável porque a elasticidade diminui, a abertura da yoni se estreita, a membrana vaginal fica mais fina e delicada e a lubrificação natural passa a ser produzida em pequena quantidade. Entretanto, se você estiver com boa saúde física e emocional, continuando a obter prazer da masturbação ou da cópula, muitos desses sintomas serão aliviados. Como qualquer outra parte do corpo, os seus órgãos sexuais precisam de exercício para continuar saudáveis; a menopausa não deve ser motivo para renunciar à sexualidade.

Exercitar o músculo pubococcígeo (ver p. 54) e mantê-lo tonificado também ajudará. O exercício ativará o afluxo sangüíneo para a região pélvica e a corrente de energia para os órgãos sexuais, ajudando ainda a tornar o controle da micção mais forte e eficaz.

Betty Dodson, em *Sex for One*, escreve: "Julgo importante continuar a promover algum tipo de penetração para eliminar as células mortas, arejar o canal vaginal, estimular a lubrificação natural, umidificar a vagina com óleos naturais, aumentar os níveis de hormônio graças a orgasmos regulares e manter tonificado o músculo pubococcígeo. Isso não só preserva a sexualidade como previne a incontinência urinária."

 142 AMOR POR TODAS AS RAZÕES

ANDROPAUSA

Os homens mais velhos passam por experiência sexual semelhante. É a fase em que os seus níveis de hormônios testosterona e deidroepiandrosterona começam a decrescer mais rapidamente.

O homem não percebe, necessariamente, que está na andropausa. Isso pode acontecer sem que ele tome consciência do que está acontecendo e coincidir com uma fase de vida — a chamada "crise da meia-idade" — em que ele se põe a refletir sobre o passado e questionar o futuro.

ENVELHECIMENTO POSITIVO

O relacionamento entre amantes é o início, não o fim de uma jornada. Os relacionamentos de longo prazo podem ser vibrantes, vívidos, emotivos, alegres e sensuais. Segundo os taoístas, só com os anos se atinge o ponto alto da união física, emocional e espiritual. Sete anos para conhecer o corpo do parceiro, sete anos para conhecer a mente do parceiro, sete anos para conhecer o espírito do parceiro. Quanto mais tempo permanecemos juntos, mais nos conhecemos um ao outro e mais sólidos se tornam os laços entre nós. O amor não se baseia nas técnicas amorosas e no número de orgasmos, mas na qualidade do sentimento compartilhado.

Precisamos envolver o ciclo sexual inteiro de nossas vidas com imagens positivas do envelhecimento. A menopausa e a andropausa podem ser etapas de poder, autoconfiança renovada, energia, beleza interior e abundância sexual. Alguns homens e mulheres passam a recorrer à masturbação para ter orgasmos. Outros apreciarão a comodidade do sexo familiar com um parceiro afetuoso; e outros, ainda, terão o seu primeiro caso erótico com um homem ou uma mulher. Uns poucos se sentirão aliviados por renunciar inteiramente ao sexo e haverá quem arranje um parceiro mais jovem.

Respeitando e celebrando essa fase de nossas vidas, mudaremos a visão do envelhecimento que nós próprios e a sociedade cultivamos, respeitando-nos como Anciãos, Curadores, Guardiões da Sabedoria, Guias e Mestres.

SUGESTÕES PARA UM AMOR DURADOURO

- Sejam sensuais um com o outro ou sozinhos, masturbando-se pelo menos uma vez por semana. Isso canalizará o fluxo sangüíneo para os seus órgãos sexuais a fim de mantê-los saudáveis e fortes, além de acelerar a produção de hormônios.
- Toquem-se com freqüência. O afeto incrementa a produção do hormônio oxitocina, que nos faz sentir bem instantaneamente.
- Estimule bastante os órgãos genitais do homem mais velho e adote a técnica da penetração delicada, quando necessário (ver p. 44). Reduza o número de suas ejaculações.
- A mulher deve estar sempre bem-lubrificada.
- Evitem ou reduzam os cigarros, o álcool e quaisquer drogas que provoquem efeitos colaterais sexuais negativos.
- Exercitem-se diariamente para se manterem ativos e flexíveis.
- Comam alimentos frescos e saudáveis.
- Não cultivem expectativas durante o ato amoroso, evitando assim a insatisfação e a frustração. Explorem-se com alegria, num espírito de aventura e jovialidade.
- Reconheçam que nem todo encontro amoroso é uma obra-prima. Mantenham a excitação alta e a expectativa baixa.
- Não se levem muito a sério, nem às suas práticas. Brinquem um com o outro e verão que a experiência pode ser alegre ao mesmo tempo que profunda.

DESEJO OU AMOR?

A atração sexual é uma poderosa e duradoura corrente que, ou acrescenta energia e magnetismo ao relacionamento, ou funciona como uma influência dissolvente perpétua, dependendo da nossa capacidade e lucidez para dirigi-la.

Quanto mais completa e equilibrada for a combinação de amor, afeto e desejo, maior será o grau de entrega física e emocional a um sentimento que realmente transforma. Se o desejo for transcendido, o sexo se transformará em amor. Quando o sexo é apenas uma necessidade mecânica, nunca nos sentimos plenamente realizados, não por causa do sexo em si, mas da sua "mecanicidade". O melhor sexo deve-se antes ao permitir que ao conceder — permitir que a energia entre os parceiros flua à vontade.

O prato rápido chega logo, é fácil e parece mais gostoso do que de fato é. Diga-se o mesmo do sexo apressado, sobretudo quando constitui a única forma experimentada. No entanto, se você conseguir preservar a qualidade do amor e zelar pelo seu parceiro, não haverá problema, mesmo se você gostar de sexo rápido, espontâneo e desenfreado. Verdade é, porém, que assim como uma dieta à base de pratos rápidos acaba por enfastiar, o sexo apressado pode ao fim revelar-se decepcionante.

Inevitavelmente, haverá ocasiões em que você não terá apetite para um ato amoroso prolongado. Não permita que isso aconteça só por nunca tê-lo experimentado! Sem dúvida, depois que experimentou em plenitude o ato amoroso, raramente o casal se sentirá entediado ou cansado do sexo. Este é fruído como prazer completo, não como esforço ou fadiga

 Transforme o desejo grosseiro em amor refinado e este valerá mais que uma montanha de ouro.

— IKKYU

e muito menos como trivialidade. De fato, poderá representar uma experiência de energização tanto para o homem quanto para a mulher, particularmente quando o homem consegue controlar a ejaculação.

Cópula prolongada não significa necessariamente passar o dia inteiro na cama — embora, se você for capaz disso, por que não? A intensidade do ato amoroso variará, é claro, vez por outra. A maioria dos casais provavelmente passa mais tempo vendo televisão do que compartilhando fisicamente o amor.

AMOR POR TODAS AS RAZÕES 145

Nada de Sexo Apressado!

Escolha o momento certo e cultive a chama do sexo ao praticá-lo. Se você for apressado em outras coisas, sê-lo-á provavelmente no ato amoroso, como se não quisesse perder tempo. Sexo não é coisa que se faça às carreiras, a menos que seja totalmente despido de amor. Se você se apressar, não descobrirá a sua essência. Saboreie-o e usufrua-o porque, através dele, experimentará a atemporalidade. Todas as grandes coisas exigem vagar e paciência, até o ponto de saturação. Faça com que o amor seja algo de muito especial. Não corra para chegar logo ao fim; esqueça inteiramente o fim e fique sempre no começo. Permaneça no presente, sem ir a lugar nenhum, e "dissolva-se".

O desejo é parte importante da sua energia vital. Para ser convenientemente fruído, ele tem de estar ligado ao amor e ao amante — cultivado, transformado e expresso como afeto e compaixão por você mesmo e o seu parceiro. Para satisfazer às necessidades sexuais do corpo, o amor se disfarça em desejo físico. Assim, sua divindade é empanada e as necessidades emocionais do amor cedem lugar à ânsia instintiva do sexo.

Portanto, na prática do amor, devemos estar prontos a abrir o coração ao vínculo emocional com o nosso parceiro, em vez de privilegiar a satisfação das necessidades físicas e emocionais. Apegar-se ao desejo sexual instintivo, ao prazer sem afeto, é tão limitador quanto cultivar o sofrimento, quando não abrimos os nossos corações. Quer você decida ceder à urgência lasciva e copular às pressas ou prefira uma experiência prolongada, só faça sexo quando estiver contente e estuante de amor, quando o seu coração se inundar de alegria, paz e gratidão. Então o ato amoroso será prece, zelo e culto.

Não há nada de errado com o sexo puro e simples. Mas convém insuflar-lhe amor, abrir o coração e, assim, vivenciar algo de extraordinário. Ele se torna uma comunicação profunda e íntima com a criatura amada e pode ser experimentado ao mesmo tempo como júbilo e como prece. Quando você está meramente copulando, só os seus genitais mantêm contato com o parceiro. Quando você faz amor, traça um círculo em que ambos se tornam um e se sentem mais energizados, mais vivos, mais carregados com o fluxo de energia que os dois criaram.

Amor Apaixonado

O sexo lascivo, livre de peias e pressões, é coisa boa e normal. O desejo erótico constitui um reflexo da nossa energia. Quanto mais flexível o amor, melhor. Todas as formas de sexo são aceitáveis, desde que se revelem autolibertadoras, solidárias, honestas, confiáveis, responsáveis, vivificantes e alegres.

Ocasiões há em que tudo o que queremos é abandonar-nos ao prazer do sexo desvairado e espontâneo. E talvez não haja nada mais erótico do que estarmos tão dominados de desejo por uma pessoa que queiramos possuí-la ali mesmo e sem demora. São igualmente picantes a espontaneidade do ato, a selvageria do desejo e a fúria da excitação.

Não importa como você expresse a sua paixão, expresse-a com amor. Use a totalidade da mente, do corpo e do espírito como veículo do afeto. Extasie o parceiro e seja vulnerável, dê amor por meio dos desvarios do desejo e transforme a fúria da excitação em amor voltado para o coração. Deseje com plena consciência porque, assim fazendo, transcenderá o desejo.

Evoque amor, respire amor, abra o coração pela força do desejo. Ao acariciar o amante, torne-se a carícia; ao beijar o amante, torne-se o beijo; ao abraçar o amante, torne-se o abraço. Descontraia-se na não-separação. Dissolva-se no ato; transfigure-se no amor!

Os amantes devem deixar que os seus corações se fundam e mergulhem num sentimento profundo, enquanto os corpos se enroscam na selvageria do sexo apaixonado. Transforme o desejo numa expressão de amor. Você poderá gozar o sexo sem amor, mas só com amor ficará totalmente satisfeito.

AMOR NA NATUREZA

 Pertencemos à terra. Ela é a nossa força e devemos estar sempre ao seu lado para não nos perdermos.

— Yiralla

A natureza perpetua as suas espécies por intermédio do sexo; os seres humanos fazem o mesmo. Não há como fugir disso. Estamos rodeados pelo sexo. Tudo na natureza é sexo. E tudo na natureza está interligado, funcionando em harmonia: os elementos, terra, ar, fogo e água; o céu e os seus planetas, luas e estrelas; árvores, ervas, mamíferos, insetos, pássaros e peixes. Nós existimos como parte da natureza, como parte do mundo e do cosmo; não podemos nos separar do universo e somos, portanto, afetados por ele. A totalidade do universo está contida no nosso corpo. Somos um microcosmo, uma representação em miniatura do universo, que é o macrocosmo.

Os antigos taoístas acreditavam que a harmonia sexual nos põe em contato com a força infinita da natureza, a qual, a seu ver, possuía elementos eróticos. A terra, por exemplo, era o elemento feminino, ou yin, e o céu o elemento masculino, ou yang. A interação de ambos constitui o todo, assim como a aproximação do homem e da mulher gera a unidade. Um é tão importante quanto a outra. Macho e fêmea não podem ser considerados separadamente, pois formam um todo complementar, intercambiável. Esses dois seres definem a existência um do outro.

Culturas indígenas antigas, que viviam em contato com a terra e praticavam rituais ligados aos ciclos da natureza, estavam mais em sintonia com os ritmos naturais e a essência feminina da terra, da vida, do que a nossa moderna sociedade "civilizada". Sua existência simples e a sua crença espontânea na natureza divina das plantas, dos animais, dos elementos e da vida em si permitiam-lhes maior intimidade com a sensualidade e a sexualidade que estavam dentro deles, tanto quanto com as forças da natureza que estavam à sua volta. Eles viam o sexo e a sexualidade como parte natural da criação e como a energia sagrada da vida.

As religiões pré-patriarcais reverenciavam a fertilidade, a geração e o erotismo em suas cerimônias e rituais,

 148 AMOR POR TODAS AS RAZÕES

considerando-os aspectos diferentes da mesma força divina. Os ritos pagãos de Beltane, por exemplo, eram uma oferenda à fertilidade da terra na primavera, enquanto os ritos do solstício celebravam o plantio e a colheita como um presente do corpo sensual e generoso da deusa da terra. Esses povos antigos compreendiam intuitivamente que o poder e a sexualidade divina do princípio feminino eram inerentes não apenas à terra, aos elementos e aos animais, mas também aos órgãos sexuais e aos instintos deles próprios, ao cheiro e ao gosto de seus corpos, em suma, ao padrão natural de suas vidas.

Aos poucos, com o passar do tempo, os vínculos espirituais entre os homens e a terra se romperam; a terra foi assolada, espoliada, dessacralizada. O modo como muitos de nós vivemos está em conflito com o ambiente natural, e os materiais que empregamos em nossos edifícios e estradas bloqueiam o fluxo de energias da terra para o nosso corpo. Nós nos isolamos das energias terrestres e celestes que nos ligavam à natureza e ao mundo circunjacente.

Precisamos muito, como seres humanos, identificar a nossa sexualidade com as forças primárias do universo. Precisamos harmonizar a nossa polaridade, energia e comportamento sexual para que a sexualidade humana possa refletir um poder novo e positivo,

beleza e compreensão, que por seu turno afetarão beneficamente a natureza e o mundo vivo à nossa volta.

O Sexo como Religião

Nas antigas culturas de religião matriarcal, o sexo era considerado uma prática enobrecedora e edificante. O sexo podia aproximar o homem dos deuses,

AMOR POR TODAS AS RAZÕES *149*

em vez de aliená-lo deles. Havia inúmeros ritos sexuais celebrados ao longo do ano, em consonância com as estações e os ritmos da natureza. Muitas dessas festividades subsistiram, mas perderam a conotação sexual.

Um dos feriados pagãos convertidos é o Dia de São Valentim, tomado ao antigo festival romano da fertilidade, as Lupercais. As Lupercais caracterizavam-se por danças desenfreadas, sensuais e orgias lascivas. Outra celebração sexual era o Dia da Primavera. Essa festa era uma pândega erótica à volta de um mastro gigante, símbolo do falo do deus plantado na Mãe Terra. As pessoas o decoravam e dançavam ao seu redor. A ereção do mastro representava o ato sexual. Ele era o lingam do deus, enquanto o buraco onde se firmava era a yoni da Deusa da Terra. Erigindo o mastro, os aldeões fertilizavam simbolicamente o corpo da Mãe Terra para que ela frutificasse no outono e propiciasse colheita abundante.

Depois da ereção, a decoração e as danças à volta do mastro, os aldeões davam seqüência às celebrações de maio, fazendo sexo com quem o quisesse nos campos arados, a fim de garantir a fertilidade da terra e a prosperidade das colheitas. Maio foi o mês da licenciosidade em toda a Europa rural até o século XVI. Os vínculos matrimoniais eram suspensos em maio e retomados em junho — daí a popularidade dos casamentos nesse último mês.

Erotismo na Natureza

Fazer amor num ambiente natural é muito diferente de fazer amor dentro de casa. Os ambientes naturais são eroticamente estimulantes por causa da energia *shakti* (força criadora feminina) inerente a todas as criações da natureza. Com lucidez e sensibilidade, o casal pode entrar em contato com essa força natural e usar o seu amor físico para comungar com as energias e elementos da natureza, numa espécie de comunhão mística.

Além disso, os aspectos espontâneos e pouco convencionais do amor podem ser despertados quando se faz amor no campo ou na praia. A natureza e os ambientes naturais agradam aos sentidos e colocam-nos em harmonia com o nosso espírito.

É importante manter contato com os elementos naturais, tanto mais que os cinco sentidos físicos são os instrumentos dos amantes e o umbral para o erotismo interior.

Cultive um paraíso sensual à sua volta, um jardim erótico para preservar e enriquecer a sua vida amorosa e sexual.
- Tente concentrar-se no seu corpo, usar todos os seus instintos e aguçar todas as suas sensações para sentir a pulsação da terra e da natureza que o cercam.

150 AMOR POR TODAS AS RAZÕES

- Imagine que é uma criatura selvagem, indomada, a mover-se sensualmente pelo mundo natural.
- Deixe que a natureza o seduza. O mundo inteiro pode ser um afrodisíaco, se você reparar nisso.
- Passeie pela natureza em companhia do seu parceiro, vista roupas fáceis de tirar ou arriar, e exponha o corpo nu ao sol e à terra.
- Abandone-se aos influxos sensuais de tudo o que está ao seu redor e dentro de você.
- Preste atenção aos ciclos da lua e à maneira como o afetam fisicamente, emocionalmente e espiritualmente.
- Faça amor encostado a uma árvore, rolando na relva e na areia ou flutuando no mar. Há liberdade, naturalidade e "ligação" no sexo em plena natureza e com a natureza. No futuro, ambos os parceiros se lembrarão com saudade do amor praticado sob as estrelas, nos campos ou na água, como símbolo especial de

seus duradouros sentimentos recíprocos.

- Se você menstrua, certifique-se de que a sua menstruação esteja em consonância com os ciclos lunares. Você menstrua na lua cheia ou na lua nova?
- Retome o contato com a força infinita da natureza. Mantenha vivo e desperto o seu ser sensual, o tempo todo.
- Admire os objetos encontrados na natureza, brinque com eles. Eu possuo um falo delicado e perfeito de coral e uma yoni também de coral. Ficam no meu altar e recordam-me as maravilhas gloriosas da natureza.
- Plumas, plantas e flores constituem um deleite sensual para os olhos e a pele. O perfume é outro poderoso estímulo dos sentidos — respire profundamente a terra, o ar, os frutos e o aroma almiscarado do sexo e das flores.
- Repare nos aspectos eróticos da natureza. A abelha esgueirando-se para dentro de uma flor suntuosa, as cores bizarras de um crepúsculo magnífico, a visão e o som das ondas do oceano, a linha sinuosa dos montes verdejantes ou os picos escarpados das montanhas. Esfregue um punhado de terra nas mãos, deixe que ela escorra por entre os seus dedos, acaricie o corpo com pétalas de flores, mastigue uma haste de relva. Feche os olhos e ouça os rumores à sua volta.

- Introduza elementos naturais na sua casa — plantas, flores, conchas apanhadas na praia onde você fez amor, pedras ou seixos do campo onde se deitou.
- Encha a casa de flores. Aprecie a sua beleza, inale a sua fragrância, guarneça os seus pratos com elas, espalhe-as na água do banho, semeie a cama de pétalas.
- Observe e reconheça o espírito vivo em todas as coisas. Encha-se de respeito, admiração e amor pelo sagrado que existe em tudo. Rochas, regatos, árvores, animais, nuvens — todas as coisas têm vida. Quando você toma consciência de cada flor, concha, fruto e semente como essência viva de sensualidade e beleza, eles se tornam vivos para você e exibem a sua riqueza nas cores, aromas, texturas, sabores e sons.
- Atente para o que você vê, sente, ouve, aspira e degusta: o espaço, os ruídos, os cheiros que o cercam e até a sua respiração. Se se abrir para tudo isso, irá sintonizar-se gradualmente com a vida e o amor — cada vez mais.

PROCRIAÇÃO

A idéia comum de que o objetivo principal da sexualidade e do erotismo é a reprodução existe apenas na filosofia ocidental e não tem mais de trezentos anos, se tanto. Essa visão resultou provavelmente das religiões puritanas, que tentavam divorciar a sexualidade das pessoas de sua evolução espiritual.

Para a maioria dos povos tribais, a reprodução é um resultado possível da atividade sexual, mas não a base do desejo. As filosofias orientais sustentam que o amor sexual reveste uma forma e uma finalidade superiores. Elas vêem na sexualidade humana e no desejo sexual veículos para alcançar novos níveis de consciência e experiência, além da procriação. A cópula, assim como a meditação, pode livrar-nos dos processos mentais e fazer-nos sentir a energia transcendental que flui pelo nosso corpo.

Entre todos os aspectos do ser humano, o sexo é o mais negligenciado, o que parece absurdo quando pensamos que dele dependem o prosseguimento da vida e a chegada de novas almas ao mundo. É preciso que consigamos trazer harmonia ao ato do sexo e reconheçamos nele uma forma de comunhão sagrada. Desse modo, uma humanidade melhor poderá surgir.

Na natureza, tudo gira em torno da reprodução, que assegura a continuidade da vida. É a energia primordial do sexo, a mais misteriosa das forças, que cria vida nova. Na união do lingam e da yoni, a divindade — o poder de criar — torna-se visível à humanidade. Assim, graças ao amor e à reverência conscientes, a concepção e o nascimento podem assumir um significado novo e mais profundo.

Onde há êxtase, há Criação;
Onde não há êxtase, não há Criação.
No Infinito, há êxtase;
No finito, não.

— CHANDOGYA UPANISHAD

CONCEPÇÃO RESPONSÁVEL

Conceber um filho é assunto sério, que exige muita reflexão e preparação. Os pais precisam comer bem, ter boa saúde, pensar positivamente e viver num ambiente tranqüilo.

Elaborar um ritual próprio para um sexo consciente, com possibilidade de concepção, é uma maneira maravilhosa e eficaz de trazer uma nova vida ao mundo. Os parceiros devem imaginar-se

praticando um ato de amor absoluto, tanto quanto uma tarefa de procriação.

Ritual de Concepção

Quando vocês decidirem que chegou a hora de ter um filho, tomem juntos um banho relaxante. Em seguida, criem um ambiente agradável, repousante e inspirador, num recinto de temperatura adequada, com velas ardendo, um pouco de incenso ou perfume e música suave de fundo.

Esperem pelo menos trinta minutos após o banho antes de começar a fazer amor. Aproveitem esse tempo para reverenciar-se, apoiar-se, trocar carícias e beijos. Estejam totalmente presentes um para o outro, em união física consciente. Mantenham contato visual e prestem atenção à respiração. Mirar fundo nos olhos do parceiro é uma forma poderosa de contato durante o sexo, e pode ser ao mesmo tempo um desafio e um convite. Aceitem a sua sexualidade e o ato amoroso como um tipo de comunhão sagrada. Depois de fazer amor, continuem abraçados. Esse é um momento precioso, que estreitará os laços de sua intimidade.

Em *O Tao da Sexologia*, Stephen T. Chang cita os taoístas. Dizem eles que, se o casal planejar ter um filho, será absolutamente necessário que tomem bastante cuidado, ao tempo da concepção e durante a gravidez, para que a criança seja saudável. Os taoístas acreditam que cabe aos pais assegurar a força e a saúde da próxima geração.

Para que isso aconteça, recomendam a adoção das seguintes regras:
- Não se deve conceber um filho quando um dos pais está embriagado no momento da concepção.
- Não se deve conceber um filho quando um dos pais está excessivamente cansado.
- Não se deve conceber um filho em tempo de guerra ou quando há perturbação, seja no local de trabalho dos pais ou em casa.
- Não se deve conceber um filho em condições climáticas adversas, como por exemplo durante um furacão ou uma tempestade violenta.
- Não se deve conceber um filho ao crepúsculo.
- Não se deve conceber um filho quando um dos pais está sob a influência de drogas ou medicamentos. Isso inclui o cigarro.

Como Escolher o Sexo de um Filho

A teoria que sustenta a seleção sexual é que, no colo do útero e no útero da mulher, existem fluidos acentuadamente ácidos que são neutralizados durante o orgasmo por secreções alcalinas. Os espermatozóides que carregam o cromossomo masculino são mais lentos que os que carregam o cromossomo feminino, e sobrevivem melhor às condições ácidas do colo do útero e do útero.

Para Conceber um Filho

O ato amoroso deve ser breve e o homem deve ejacular antes de a mulher chegar ao orgasmo. Além disso, deve retirar o lingam pela metade, antes da ejaculação.

A idéia que está por trás dessa técnica é que, ejaculando depressa com pouca penetração, o homem aumenta a distância que os espermatozóides têm de percorrer. Os espermatozóides que carregam os cromossomos femininos, em virtude de nadarem mais rápido que os que carregam os cromossomos masculinos, fazem contato com as potentes secreções ácidas e neutralizam-nas antes da chegada dos espermatozóides que carregam os cromossomos masculinos. Assim, as chances de um desses últimos espermatozóides fertilizar o óvulo aumentam.

Para Conceber uma Filha

Para conceber uma filha, o homem deve proporcionar à mulher muitos orgasmos antes de ejacular, com penetração profunda. A penetração profunda reduz a distância que o espermatozóide tem de percorrer, de modo que as chances de concepção de uma filha aumentam. E, dado que produzem secreções alcalinas antiácidas, os orgasmos permitem que um espermatozóide com cromossomo feminino fertilize mais facilmente o óvulo.

ÍNDICE

A

Adrenalina 13
Amor
  apaixonado 146
  duradouro 132, 144
  e desejo 145
  habilidoso 14
  Na natureza 148
  prenda-se ao 25
  tempo para amar 102
  uma atmosfera para o 137
Andropausa 143
Anel peniano 125, 128
Arremetidas 42
  séries de nove 60
Atração, o poder da 12

B

Beijo 88
  maneiras de beijar 89
  na yoni 92
  no lingam 94
Bolas *ben-wa* 125
Brinquedos sexuais 125
  e relacionamentos 130

C

Casulo 77
Clitóris 48
  anatomia do 49
  massageando o 85, 86
  usando o vibrador perto do 87
Como encontrar um parceiro 10

Compromisso 8
Comunicação 8
  durante a massagem 75
Concepção 153
  de uma filha 155
  de um filho 155
  ritual de 154
Controle da respiração
  e ejaculação 39, 40
  respiração consciente 76

D E

Desejo 145
Deusa em cada mulher 16
  faça amor com 119
Deus em cada homem 14
  faça amor com 119
Ejaculação
  controle masculino da 38
  feminina 62
  masculina 36
Endorfinas 13
Entrega 20
  aprenda como 20
Envelhecimento positivo 143
Epinefrina 13
Erótica 123
Excitação feminina 58
Exercício de coração a coração 26
Exercício do toque com as pontas
  dos dedos 26
Exercício na posição de pé 24
Exercício ouça o coração 24

F
Fantasia(s) 116
   partilhe as suas 118

H I J K
Higiene 67, 90
Impotência 43
Jogos amorosos
   dicas de 67
   que funcionam 65
   valor dos 64
Jogos, brincar 120

L M N
Libere as emoções 76
Lingam 28
   beijo no 94
   categorias de 31
   pontos reflexológicos do 81
   sexo oral 94
   tamanhos e formas do 29
   tipos de beijo no 97
Linguagem do corpo 10
Lubrificação 77
   e brinquedos sexuais 129
Massagem 75
   clitóris 85
   com a boca 79
   da yoni 81, 84
   do lingam 80, 81
   erótica 78
   genital 80
   no corpo todo 80
   recorra à 75
   um ritual 79

Masturbação 98
   mútua 98
Masturbação juntos 100
Menopausa
   feminina 142
   masculina 143
Método da entrada mole 44
Mulher, fazer amor com uma 72
Músculo pubococcígeo feminino 54
   como usar o 56
   exercícios para o 55
   localização do 54
Músculo pubococcígeo masculino 32, 35
   contração do 39
   exercite o 40
   localização do 32, 40
Natureza 148
   erotismo na 150
Nove, séries de 60

O P Q R S
Olhos 11
Orgasmo feminino 57
   os nove níveis do 61
Orgasmo masculino 36
   mantenha o 40
   multiorgásmico 38
Oxitocina 13
Parceiro, como encontrar um 10
Pênis Artificiais 125
Pênis *ver* Lingam
Ponto G feminino 52
   ato sexual e 53
   localize o 52
   massageando o 87

Ponto G masculino 32
Pornografia 123
Posições amorosas 104
    de pé 24, 110
    de tensão 112
    homem por cima 111
    lado a lado 107
    mulher por cima 105
    para estimular o ponto G 53
    penetração por trás 108
    sentadas 108
    tranqüilas 114
"Preces" do dia e da noite 23
Prenda-se ao amor 25
Problemas de ereção 43
Próstata 32
    cuidados com a 35
    jogos 33
    massagem da 33
Puja, a prática de 19
Que as mulheres querem, O 102
Que os homens querem, O 102
Reflexologia genital 81
Relacionamentos 132
    bases do 134
    duradouro 138, 144
    honestidade nos 135
    idade e 139
    mudanças com o tempo 134
    mudanças fisiológicas nos 140
    que evoluem 139
    trepidantes 137
Religião, sexo como 149
Reverencie o seu corpo 18
Rir 12

Séries de nove 60
Sexo oral 92
Sexualidade, exercite a sua 16
Sorria! Exercício 26
Sorrir 12

T V Y Z

Tocar 12
Tome a dianteira 15
Tonglen 21
Toque íntimo 74
Vagina *ver* Yoni
Vibradores 125
    usando perto do clitóris 87
    uso de 127
Yab Yum 114
Yoni 46
    beijo na 92
    explore a 50
    massagem na 81, 84
    pontos reflexológicos 81
    sexo oral 92
    tipos de 47
Zonas erógenas da mulher 70
    explorando as 66, 72
Zonas erógenas do homem 68
    explorando as 66

LEITURAS RECOMENDADAS

ABRAMS, DOUGLAS E ABRAMS, RACHEL, MD, *The Multi-Orgasmic Couple by Mantak Chia & Maneewan Chia*, HarperSanFranciso, 2000.

BIDDULPH, STEVE E SHAARON, *How Love Works: How to Stay in Love as a Couple and Be True to Yourself... Even with Kids*, Thorsons, London, 2000.

CAMPHAUSEN, RUFUS C. (cit. à p. 46), *The Yoni: Sacred Symbol of Female Creative Power*, Inner Traditions, Rochester, Vermont, 1996.

CHALKER, REBECCA, *The Clitoral Truth*, Seven Stories Press, New York, 2000.

CHANG, JOLAN (cit. à p. 42), *The Tao of Love & Sex*, Wildwood House, Hampshire, England, 1977.

CHANG, DR. STEPHEN T. (cit. às pp. 58, 61), *The Tao of Sexology*, Tao Publishing, San Francisco, 1986.

CLAIRE, OLIVIA ST., *Unleashing the Sex Goddess in Every Woman*, Harmony Books, New York, 1996.

DANIELOU, ALAIN (tradutor) (cit. à p. 64), *The Complete Kama Sutra*, Park Street Press, Rochester, Vermont, 1994.

DANIELOU, ALAIN (cit. à p. 28), *The Phallus: Sacred Symbol of Male Creative Power*, Inner Traditions, Rochester, Vermont, 1995.

DEIDA, DAVID (cit. às pp. 20, 77, 78), *Dear Lover: A Woman's Guide to Enjoying Love's Deepest Bliss*, Plexus, Austin, Texas, 2002; *Finding God Through Sex*, Plexus, Austin, Texas, 2002; *Intimate Communion*, Health Communications Inc., Florida, 1995; *Naked Buddhism*, Plexus, Austin, Texas, 2002.

DODSON, BETTY, PH.D. (cit. à p. 116), *Sex for One: The Joy of Selfloving*, Crown Trade Paperbacks, New York, 1996.

DOUGLAS, NIK E SLINGER, PENNY (cit. às pp. 16, 31, 88, 89, 93, 154), *Sexual Secrets: The Alchemy of Ecstasy*, Destiny Books, Rochester, Vermont, 1979.

FEMINIST WOMEN'S HEALTH CENTERS, THE FEDERATION OF, *A New View of a Woman's Body*, Feminist Health Press, Los Angeles, 1991.

HARVEY, ANDREW E MATOUSEK, MARK, *Dialogues with a Modern Mystic*, Quest Books, Wheaton, Illinois, 1994.

LAWLOR, ROBERT (cit. às pp. 98, 148), *Earth Honouring: The New Male Sexuality*, Inner Traditions, Rochester, Vermont, 1989.

RADHA, SWAMI SIVANANDA, *From the Mating Dance to the Cosmic Dance: Sex, Love and Marriage from a Yogic Viewpoint*, Timeless Books, Spokane, Washington, 1992.

RAMSDALE, DAVID E ELLEN, *Sexual Energy Ecstasy: A Practical Guide to Lovemaking Secrets of the East and West*, Bantam Books, New York, 1993.

RUIZ, DON MIGUEL (cit. à p. 24), *The Mastery of Love*, Amber Allen Publishing, San Rafael, 1999.

SUDO, PHILIP TOSHIO, *Zen Sex: The Way of Making Love*, HarperSanFrancisco, 2000.

AGRADECIMENTOS

Eu gostaria de agradecer profunda e afetuosamente a todas as pessoas que participam da minha vida: vocês foram, e são, mestres incríveis para mim. Sou grata a amigos, familiares e namorados pela sabedoria que compartilham, tanto quanto pelo amor e apoio que dão — e também a todos quantos se dispuseram a dividir comigo os prazeres e, não raro, as dores de seus relacionamentos sexuais e experiências pessoais de amor e paixão. Agradeço em especial a Sarah pela sugestão do título e, sobretudo, a Torquil — a quem amo perdidamente.
— **Caroline Aldred**

Carroll & Brown agradecem a:
Amanda Williams (ilustradora)
Paul Stradling e Nicky Rein (apoio de IT)
Karol Davies e Nigel Reed (produção)
Sandra Schneider (pesquisa iconográfica)
David Yems (assistência de fotografia)

Créditos das fotos
Páginas 30, 42, 47, 61, 91, 97, 144 Powerstock
Página 118 Getty Images
Página 127 Patricia McDonough/Photonica
Página 151 Flowerphotos/Victoria Gomez